O DESAFIO DO RELACIONAMENTO
NORA e SOGRA

O DESAFIO DO RELACIONAMENTO
NORA e SOGRA

Eden Unger Bowditch & Aviva Samet, PSY.D.

M.BOOKS DO BRASIL EDITORA LTDA.

Av. Brigadeiro Faria Lima, 1993 – 5° andar – Cj. 51
01452-001 – São Paulo – SP – Telefones: (11) 3168-8242 / (11) 3168-9420
Fax: (11) 3079-3147 – E-mail: vendas@mbooks.com.br

Dados de Catalogação na Publicação

Bowditch, Eden Unger / Samet, Aviva
O Desafio do Relacionamento Nora e Sogra
2004 – São Paulo – M. Books do Brasil Editora Ltda.
1. Psicologia 2. Relacionamentos

ISBN: 85-89384-15-2

Do Original: The Daughter-in-Law's - Survival Guide

© 2002 by Eden Unger Bowditch & Aviva Samet
© 2004 by M. Books do Brasil Editora Ltda.
Original em inglês publicado por New Harbinger Publications, Inc.
Todos os direitos reservados

Editor: Milton Mira de Assumpção Filho

Produção Editorial
Salete Del Guerra

Tradução
Melissa Kassner

Revisão de Texto
Angela Elisa de Sillos

Capa
Design: Amy Shoup/ERJ
Foto: Dan Chavkin/Stone

Editoração e Fotolitos
J.A.G Editoração e Artes Gráficas Ltda.

2004
1ª edição
Proibida a reprodução total ou parcial.
Os infratores serão punidos na forma da lei.
Direitos exclusivos cedidos à
M. Books do Brasil Editora Ltda.

Este livro é dedicado aos nossos maridos maravilhosos, Nate Unger Bowditch e James Eliot Matanky, a quem amamos e adoramos, e sem os quais não seriamos, de fato, noras.

Agradecimentos

Gostaríamos de agradecer a todas as noras que compartilharam suas histórias, tanto de alegria quanto de tristeza, com tanta intimidade e sinceridade. Elas foram corajosas e abertas e foram além do que muitas iriam. Também gostaríamos de agradecer aos especialistas nos vários campos que nos ajudaram a assegurar a exatidão de nossas informações, especialmente a Dra. Teri Apter, George Davis, Dra. Layla Kassem; às pessoas dedicadas em New Harbinger por suas sábias decisões e contribuição cuidadosa, especialmente Lorna Garano, Heather G. Mitchener, Amy Shoup, Kayla Sussell e Catharine Sutker. Também agradecemos aos amigos e conhecidos que nos ajudaram com seu incentivo, nos encorajando a seguir em frente, incluindo: Sandra Andreoli, Kristin Beck e Judith Newman.

Às nossas famílias (antigas e novas) que foram atenciosas e carinhosas enquanto explorávamos as vidas de tantas mulheres e refletíamos sobre nossos relacionamentos íntimos. Para James, Nate, Julius e Lyric, por sua paciência e amor infinitos. Para todos aqueles que expressaram entusiasmo e expectativa em relação a este livro e para todos vocês que o encontraram.

Sumário

Introdução xiii
    Uma Rosa, Ainda que Tivesse Outro Nome... ❀
    Como Escrevemos Este Livro ❀ *Como Usar Este Livro*

Parte I: O Relacionamento Bom
    Quando ela era boa, ela era muito, muito boa...

Capítulo 1
Onde Estamos? Uma Visão Geral 1
    O Que é um Bom Relacionamento? ❀ *Número um: Esposa ou Mãe?* ❀ *O Que Esperar* ❀ *Base Comum* ❀ *Questões de Personalidade* ❀ *Grandes Expectativas* ❀ *Casando-se com a Família* ❀ *Estabelecer Limites* ❀ *Marcando a Fronteira* ❀ *Trocas e Limites* ❀ *Segunda Chance com a Família* ❀ *Filha/Mentora/Amiga* ❀ *Perguntas em Resumo*

Capítulo 2
Qual é a Medida de Bom? 25
    O Bom é Sempre Bom? ❀ *Reconhecendo as Diferenças* ❀ *Desempenhando um Papel Ativo* ❀ *Abrindo Espaço Para o Bom* ❀ *Perguntas em Resumo*

Capítulo 3
A Família do Marido 39
Círculo Familiar ⁕ Reaprendendo a Lidar com a Família ⁕ As Guardiãs da Família ⁕ Homens Sem Irmãs ⁕ Pode me Chamar de "Mãe" ⁕ Está Bom para Você? ⁕ Para Onde Vamos a Partir Daqui? ⁕ Perguntas em Resumo

Parte II: O Relacionamento Ruim
Mas quando ela era ruim...

Capítulo 4
Ruim Mesmo 57
É Tão Ruim Assim? ⁕ Mas Temos Tanto em Comum ⁕ Quando as Coisas Não Vão Bem ⁕ Perguntas em Resumo

Capítulo 5
A Distância 67
A Distância Continental e Outros Abismos ⁕ Esfriando a Relação ⁕ Sra. Sogra ⁕ Ele é Filho Dela ⁕ Um eu Diferente ⁕ Filhos e a Dinâmica Familiar ⁕ Perguntas em Resumo

Capítulo 6
Apóie Sua Mulher 87
A Dona da Casa ⁕ Oferecendo Ajuda ⁕ Equilíbrio ⁕ Meu Marido, Seu Filho ⁕ Querida, Você Está em Casa? ⁕ O Que é Ser Filha? ⁕ Ruptura Ruim ⁕ Para Onde Vamos a Partir Daqui?

Parte III: O Relacionamento Péssimo
Ela era terrível!

Capítulo 7
Imperdoável? 109
> Comportamento que Magoa ⸙ Palavras Que Não Podem Ser Retiradas ⸙ Cidadã de Segunda Classe ⸙ Perguntas em Resumo

Capítulo 8
O Mal Está Feito 121
> Não Dava para Saber ⸙ Problemas Desde o Começo ⸙ Péssimo aos Olhos ⸙ Julgar o Que é Péssimo ⸙ Perguntas em Resumo

Capítulo 9
À Beira do Precipício 133
> Casamentos Indissolúveis ⸙ Aceitando o Inaceitável ⸙ Desfazendo os Laços ⸙ Será Melhor Ficar ou Partir? ⸙ Para Onde Vamos a Partir Daqui? ⸙ Perguntas em Resumo

Conselhos de Nora para Nora 147

Referências Bibliográficas 150

Introdução

Uma Rosa, Ainda que Tivesse Outro Nome...

Belle-mère é a palavra francesa para designar sogra. É muito mais delicada do que o som burocrático do sufixo "in-law" que o inglês anexa ao termo. *Belle-mère* também soa melhor do que "sogra", tem um som mais agradável e acolhedor. Em francês, a palavra também significa "madrasta" e os termos estão intrinsecamente ligados. Mas quando um pai separado ou viúvo casa-se novamente, seus filhos estão sujeitos à mesma posição estranha que os categoriza como "child-in-law", em inglês, ou "enteados", em português. Será que essas crianças devem esperar amor incondicional de sua nova madrasta? Será que o par recém-casado espera ter uma família que se ajuste bem só porque eles se amam? Esta é a situação desagradável em que se encontram tanto as famílias formadas pelo primeiro casamento (os "in-laws", em inglês), quanto aquelas formadas por um segundo casamento (as "stepfamilies", em inglês).

Na literatura, o personagem infantil mais maligno era sempre a madrasta. É relegada ao mesmo nível dos ogros e das bruxas malvadas. As piadas sobre sogras são tão antigas quanto a instituição da qual fazem parte e tais piadas são traduzidas e entendidas em todos os idiomas do planeta. Isso faz a gente pensar, não é?

Quando crianças, éramos colocadas aleatoriamente em salas de aulas e forçadas a nos relacionar com um monte de pessoas com personalidades diferentes. Havia crianças que odiávamos, crianças que adorávamos e crianças que até hoje não conseguimos nos lembrar. E por mais que tenhamos lindas memórias da infância, a maioria de nós fugiria num instante de qualquer oportunidade de reviver tais dias. Por quê? Porque foi um inferno ter de passar dia após dia, ano após ano, forçada a permanecer na fila ao lado de um cara fedorento com nariz escorrendo e dedos sujos de chocolate só porque o nome dele começava com a mesma letra que o meu.

Ao passarmos para o Ensino Médio, ficou mais fácil nos livrarmos de tais intimidades forçadas. Entretanto, ainda era necessário conviver com pessoas completamente diferentes de nós. Quando entramos na faculdade ou no mundo profissional, estávamos pelo menos entre outras pessoas que ali se encontravam por escolha ou oportunidade.

Então vieram nossos relacionamentos sérios, nossos compromissos para toda a vida e os familiares da pessoa que escolhemos para estar ao nosso lado. (Não é preciso estar "casada" para ter uma "sogra". Maridos são maridos, seja pela lei ou não. Então encare o fato de que qualquer pessoa num relacionamento sério precisa interagir com os sogros do mesmo modo que as pessoas com certidões de casamento. Quando uma mulher retira a mãe da posição de mulher Número Um na vida de um homem, por conseqüência, ela deve se engajar na dinâmica sogra/nora. Se a mãe do marido dessa mulher estiver viva, então ela passa a ter uma sogra.) De acordo com um texto de Ramona Marotz-Baden e Deane Cowan (1987), "A ligação íntima que as sogras e as noras compartilham com o filho/marido é freqüentemente o único elo entre elas". Nós, as noras, podemos nos encontrar caminhando lado a lado não apenas com um, mas com toda uma família de estranhos quando tudo o que realmente queríamos era apenas caminhar lado a lado com uma pessoa especial. Como você quer que isso dê certo?

Nem todo relacionamento com a família do marido está repleto de problemas e atribulações. Entretanto, por toda a história, o relacionamento sogra/nora sempre representou um desafio. Na verdade, os relacionamentos com os membros do mesmo sexo da família do marido/esposa (ex.: sogro e genro, sogra e nora) parecem apresentar o maior número de problemas.

Mas, infelizmente, o relacionamento mais complicado parece ser aquele entre a sogra e a nora. Em muitas culturas, as mulheres são vistas como "guardiãs da família", protetoras e transmissoras das tradições e da cultura familiar. Espera-se que elas realmente "comandem o *show*" da família. Tradicionalmente, são as mães que unem as fibras soltas que compõem o tecido da vida em família e que ditam como deve ser o ambiente familiar. Quando chega o momento de passar essa função para outra geração, pode haver divergência e preocupação entre os membros da família.

Um relacionamento bem-sucedido entre sogra e nora é visto de diferentes maneiras em culturas diferentes. Em seu estudo de 1965 sobre a vida doméstica e a estrutura familiar numa vila da Turquia, Paul Stirling descobriu que se espera que a nora "realize todas as tarefas mais servis da casa e que sirva sua sogra". Também espera-se que seja tratada como uma filha.

Para criar algum senso de equilíbrio, manter a ordem ou evitar a ruptura familiar, a lei muçulmana exige que uma sogra não sinta ciúme. Uma nora muçulmana aprende que nunca deve esperar que seu marido abandone sua ligação com a mãe. De acordo com o islamismo, um marido "não pode ser induzido a esquecer sua mãe porque casou-se com uma linda esposa", retirando assim sua posição de força. A Dra. Layla Kassem disse que: "No islamismo, a mãe é a figura mais estimada da hierarquia humana". (2001). Há um ditado no Alcorão que pode ser traduzido como "o paraíso está aos pés de todas as mães" e é dever da nora garantir que esse relacionamento seja honrado.

Em muitas culturas asiáticas, a informalidade é vista como desrespeito, não como um sinal de afinidade. Na China, espera-se que a noiva seja subserviente à sua sogra. Culturas diferentes, bem como cada família, usam a linguagem para indicar crenças e expectativas tácitas sobre a intimidade entre as famílias casadas.

Em iídiche, o termo *machetunim* vem da palavra de origem hebraica *mechutan*, que significa "parente (homem ou mulher) devido ao casamento". A mensagem é inclusiva e se refere a todos os membros da família imediata de ambos os lados; enquanto no inglês, os pais do casal não são considerados parentes entre si. Várias culturas em todo o mundo procuram evitar a presença dos sogros, por exemplo, os índios Miskito da América Central exigem que a sogra permaneça em sua própria parte da casa quando seu genro estiver presente. No Quênia, as noivas gusii não são muito respeitadas pela família do noivo até que dêem a luz a uma criança.

Pode ser muito útil ler sobre como outros povos dançam a mesma música, embora o ritmo e os parceiros sejam diferentes. Muitas de nós passamos por experiências que gostaríamos de ter registrado, seja para provar um ponto de vista ou para evitar incorrer no mesmo erro. Achamos que somente se pudéssemos prever o futuro em vez de observar o passado seríamos capazes de evitar uma catástrofe. Se ao menos as sogras e as noras se dessem ao trabalho de considerar como até mesmo algumas das ações mais inconscientes e sem malícia podem gerar problemas, como palavras ou atos aparentemente inocentes podem ser terrivelmente mal-interpretados, ou como um único ato de maldade pode destruir um relacionamento para sempre, talvez elas pudessem evitar tais estragos em seus relacionamentos.

Com este fim, reunimos entrevistas e histórias de mulheres que estão na posição de noras. Essas histórias não nos ensinarão como ser uma nora ou uma sogra perfeita, nem provarão que a perfeição é impossível. Elas apenas oferecem uma idéia daquilo que é possível, oferecem uma chance de examinar as falhas que podem criar um relacionamento potencialmente agonizante.

Claro que nem todos os relacionamentos com sogra são negativos. Existem alguns adoráveis e iluminados que são dignos de sua atenção. Talvez você se reconheça nestas páginas, e as experiências de mulheres diferentes possam refletir suas próprias experiências. Talvez você veja como uma cena comum se repete com atores diferentes e até aprenda como tais cenas podem ser reescritas ou evitadas. Sim, somos pessoas diferentes, mas freqüentemente nos vemos representando papéis que juramos nunca representar.

Como Escrevemos Este Livro

Como escritora (Eden) e psicóloga (Aviva), abordamos este livro a partir de disciplinas diferentes. A idéia de trabalharmos num projeto sempre pareceu interessante, talvez por nos conhecermos desde os quatro anos de idade e sermos grandes amigas desde então.

Pouco tempo antes do casamento de Aviva, começamos a conversar sobre o que significa ser uma nora. Eden já tinha dez anos de experiência como nora. Nossas mães tinham tido decepções nos relacionamentos com suas sogras, então crescemos encarando o fato com certa preocupação. Tivemos várias conversas sobre o assunto, pois havia muito a ser compartilhado e parecia que cada mulher com quem conversávamos tinha algo mais a acrescentar à discussão.

Ironicamente, dada a presença constante de histórias sobre sogras na sociedade, não havia muita literatura sobre o relacionamento sogra/nora. Também era bastante escassa a literatura que oferecesse o ponto de vista da nora. Como a cada ano cerca de 2 milhões e meio de casamentos são realizados nos Estados Unidos (Abstrações Estatísticas dos Estados Unidos em 2000), e mais outros tantos milhões no mundo, sem contar os milhões de casamentos sem registro legal, sabemos que um número enorme de pessoas está tentando resolver este problema.

Não temos a intenção de dizer às mulheres como ser noras melhores. Nossa intenção é a de descobrir o que vai no coração da nora e repassar essa informação a você. Queremos ver o que leva uma pessoa a julgar um relacionamento como bem-sucedido ou como fracassado. Queremos ver o que nós, e você, podemos aprender com essas revelações.

As mulheres que você vai encontrar nas páginas seguintes são uma reunião de 53 noras que foram entrevistadas pessoalmente ou não; elas receberam questionários por escrito e/ou participaram de uma discussão em grupo. A maioria das entrevistas levou de uma a três horas.

Como Usar Este Livro

O livro está dividido em três etapas chamadas "O Relacionamento Bom", "O Relacionamento Ruim" e "O Relacionamento Péssimo". Sabemos que as coisas geralmente não são tão absolutas quando se trata de relacionamentos. Geralmente, as uniões são estabelecidas de acordo com a percepção da nora quanto ao seu relacionamento com sua sogra.

Se uma mulher acredita que o seu relacionamento é "bom", valorizamos essa percepção e, em seguida, fazemos um estudo sobre esse ponto de vista. Entretanto, podemos examinar o que é dito e achar que seu relacionamento é intrinsecamente problemático. Também podemos acreditar que existem conflitos que não foram observados na relação, conflitos que nos levem a julgá-lo como qualquer coisa, menos como um relacionamento "bom".

Embora o mais importante seja entender como a nora se sente e o que a faz sentir-se dessa maneira, alguns relacionamentos precisam ser discutidos em mais de uma sessão. Acreditamos que a leitora compreenderá, por exemplo, por que um relacionamento que parece tão "ruim" ainda pode aparecer no tópico "O Bom", mas a leitora também revisitará essas relações e seus temas variados em itens mais apropriados.

No final de cada capítulo, você encontrará questões que foram selecionadas para encorajar a reflexão e a exploração do seu próprio relacionamento com sua sogra. Por fim, esperamos que este livro propicie uma visão mais enriquecida e ampla do potencial desse estereótipo negativo. Se esse potencial for transformado numa oportunidade para qualquer uma das leitoras, esse projeto terá sido um sucesso.

Parte I: O Relacionamento Bom

Quando ela era boa, ela era muito, muito boa...

Capítulo 1

Onde Estamos?
Uma Visão Geral

Fiquei muito aliviada por meus sogros aprovarem que vivêssemos juntos antes do casamento. Sempre me considerei uma mulher de sorte por serem tão "legais".

— Joy

A atitude dela é a de quem já criou os filhos e agora cabe a eles viver sua própria vida enquanto ela aproveita a dela. Acredito que ela se coloque em primeiro lugar ... e, no que me diz respeito, é assim que deve ser.

— Luzi

Se o relacionamento na sua vida funciona e tudo está bem, então pode ser chamado de um relacionamento bom. Mas é preciso ser honesta consigo mesma, "bom" não significa a mesma coisa para todo mundo. O que pode parecer certo para quem está do lado de fora, pode parecer estranho para quem está dentro. Você deve aprender a reconhecer quando questões específicas precisam ser resolvidas. Mesmo os melhores relacionamentos não conseguem florescer quando não recebem atenção.

O Que é um Bom Relacionamento?

"Bom" é um termo bastante vago que claramente implica coisas diferentes para pessoas diferentes. Mas sejam quais forem essas diferenças, o termo é sempre positivo. Num bom relacionamento, as pessoas sentem níveis positivos de conforto e aceitação que permitem um bom funcionamento. Quando se trata da sogra, a medida do que torna um relacionamento bom pode variar muito. O nível de formalidade, intimidade, interação ou participação considerado confortável depende das duas mulheres acharem tal nível desejável. Se uma sentir-se mal em relação à outra, a relação não pode ser considerada como bem-sucedida.

Para uma determinada mulher, o sinal de um bom relacionamento com a sogra pode ser o fato de ela estar intimamente envolvida nas atividades diárias. Para a outra, esse tipo de envolvimento pode parecer dominador ou invasivo. Algumas noras sentem que relacionamentos bons com as sogras significam a não-interferência delas nas famílias dos filhos. Há ainda outras mulheres que podem interpretar a falta de envolvimento da sogra na família como uma forma de negligência ou rejeição.

Um bom ponto de partida para criar um bom relacionamento é colocar-se no lugar da outra. Por exemplo, Lea, que é contadora, não se sente intimidada nem ressentida pelo tempo que seu marido passa com a mãe. Na verdade, ela até encoraja esses encontros. "Uma vez por ano, minha sogra e o marido vão passar uma semana de férias na praia com todos os filhos. Eu não vou porque meus filhos estão na escola nessa época, mas incentivo meu marido a ir porque sei que todos se divertem, e este é um momento para que ela curta seus filhos sozinha. Saímos de férias em outras ocasiões com os maridos, os filhos e os avós, mas esse é um momento especial para eles e acho isso ótimo".

A sogra de Lea ajudou-a muito quando ela precisou de apoio. "Quando tive cada um dos meus três filhos, ela estava ao meu lado para ajudar. Preparava as refeições para todos sem sentir-se incomodada. É bastante generosa nos aniversários e Natais dando presentes que ela sabe que eu vou gostar. Mas especialmente quando algo está me incomodando e preciso conversar, ela ouve sem fazer comentários e demonstra muita compaixão, não apenas comigo, mas com os outros também".

Lea sabe que as coisas não estão sempre perfeitas e que, embora seja "como uma filha", não é uma filha de verdade. Quando falou sobre seu relacionamento com a sogra, ela disse: "Mudou um pouco durante um certo tempo, enquanto a filha *dela* engravidou do primeiro filho, ao mesmo tempo em que eu estava grávida do meu terceiro. Minha cunhada agiu como se eu estivesse competindo pela atenção da mãe dela, o que não era o caso. Claro que eu sabia que minha sogra ficaria do lado dela porque, afinal de contas, ela é a filha verdadeira". Mas Lea também reconhece que sua sogra tenta fazer tudo dar certo e reconhece sua ajuda para manter o relacionamento sempre aberto e receptivo.

Número um: Esposa ou Mãe?

Quando o filho se casa, o papel que a mãe tem em sua vida muda. Ela deixa de ser a mulher Número Um para ficar relegada a uma posição menos proeminente. Se reconhece que a nora está agora na posição de liderança na vida do filho e a nora aprecia o fato de que sua sogra esteve na liderança antes dela, isso permite que simpatizem com a posição uma da outra. Se a mãe aceita essa mudança como uma passagem natural e graciosamente entrega o trono dizendo: "Agora você é a 'Número Um' na vida dele", isso pode levar a um relacionamento amigável e bastante duradouro.

Elaine, que teve um relacionamento bastante positivo com sua sogra e agora tem quatro filhos e quatro netos, coloca dessa maneira: "Eu aceito o fato de que não sou a mulher mais importante na vida dos meus filhos. Toda mãe deve entender que com a chegada de cada geração, seu papel central na vida do filho fica mais distante. Em alguns aspectos nos tornamos mais importantes, em outros, menos". Infelizmente, nem todas as mães aceitam o crescimento e a separação de seus filhos com tal equilíbrio.

As noras que se encontram em competição com as sogras por posição de poder na família, ou pela atenção e reconhecimento do marido/filho, freqüentemente procuraram apoio no marido. Então, o marido pode se sentir no meio do fogo cruzado entre duas mulheres que ele ama e não vai querer tomar partido de ninguém. Mas um filho/marido nunca consegue ser imparcial. Se tentar ficar neutro, ele pode criar uma situação na qual todas se sintam traídas, especialmente a esposa, já que ela foi escolhida para compartilhar a vida e agora se sente como uma intrusa.

De acordo com Gottman e Silver (1999), uma das tarefas fundamentais num casamento é "estabelecer um senso de 'nós' entre o marido e a esposa". "Nós", como o termo implica, é o vínculo entre marido e mulher que inclui os dois e somente os dois; é um símbolo da unidade e da solidariedade entre os parceiros. "Nós" também gera a sensação de segurança num relacionamento.

Gottman e Silver declaram que, quando há um conflito entre a esposa e a sogra, há "apenas uma saída", e apenas uma escolha para o marido: ele *deve* ficar ao lado da esposa. Isso estabelece limites claros para todos e, embora a mãe dele possa ficar magoada, irá superar isso. Resolver um conflito dessa maneira pode estabelecer um precedente valioso que pode levar a um relacionamento mais confortável entre as duas mulheres, já que seus papéis foram estabelecidos.

Um filho que deixa claro que não pode ser arrancado de seu lugar ao lado da esposa, também deixa claro para sua mãe que, embora a ame e esse amor não tenha diminuído, sua lealdade será com sua nova família em primeiro lugar. Sua mãe deve se lembrar de suas próprias lutas como jovem esposa e, com certeza respeitará sua atitude e admirará a força do filho. Uma nora que não se sente ameaçada pela sogra tem mais chance de ficar emocionalmente aberta e à vontade ao seu lado. Um relacionamento de sucesso entre as duas mulheres que são as "guardiãs da família" (portadoras das tradições familiares) só pode gerar um ambiente mais agradável para toda a família.

O Que Esperar

Para muitas mulheres, ter um bom relacionamento com a sogra é igual a ter tirado a sorte grande. Para outras, a sorte não tem nada a ver com isso. Joy, uma professora de música, sente que, embora tenha sido bem recebida pela família do marido, foi bastante trabalhoso transformar seu relacionamento com a sogra em algo bom. Ela acredita que seus próprios esforços, somados aos esforços da sogra, fizeram com que o resultado fosse bom. Ela disse: "Eu acho que nunca pensei muito nesse relacionamento. Estou certa de que não tinha expectativas, quero dizer, eu gostava dela. Os móveis da casa dos meus sogros eram muito parecidos com os móveis dos meus pais, e isso me surpreendeu, fazendo com que me sentisse bem. Não pretendo ser boba a ponto de acreditar que isso significava que tudo seria ótimo e que minha sogra seria como minha mãe".

As interações anteriores com as mães dos namorados deram a Joy uma idéia do que considerava menos confortável ou mais desejável. "Fiquei muito aliviada por meus sogros aprovarem nossa união antes do casamento. Sempre me considerei uma mulher de sorte por serem tão 'legais'. Meu marido estava relativamente "velho" para se casar, então eles ficaram felizes por ele ter encontrado alguém e gostaram de mim. Isso foi ótimo. Um dos meus antigos namorados tinha uma mãe que não gostava de mim, por esse motivo eu sabia como era ruim sentir a não-aprovação da mãe do homem que você ama. Fiquei agradecida por ter sido bem recebida pelos pais do meu atual marido. Posso dizer que nosso relacionamento foi muito mais simples e que houve menos conflitos antes de termos filhos".

Joy continua: "Acho que minha sogra e eu temos um bom relacionamento. Trabalhamos duro para conseguirmos isso. Sempre a procurei para falar sobre minhas críticas e preocupações, e caso não tivesse feito isso, tenho certeza de que não seria capaz de amá-la como a amo. Aprecio muitas de suas qualidades, mas alguns de seus defeitos também me incomodam. Basicamente, acredito que tenha respeito por mim, mas também sei que ela me acha perdida, confusa e errada sobre muitas coisas, geralmente coisas que diferem da maneira como ela foi criada. Recentemente ela me disse que me daria um A- como mãe.

"Também me disse que eu estava fazendo as coisas 99% certas, eu acho, talvez tenha dito 90%. Interessante, né? Acho que ela se sente uma mulher de sorte por ter uma nora como eu, embora eu acredite que ela gostaria que eu fosse mais parecida com ela. Freqüentemente conseguimos rir e curtir nossas conversas, mas ela se esforça bastante para manter a paz. Certa vez disse-me que tinha aprendido muito comigo, outra vez me mandou 'lembrar de onde veio meu marido'. Esse foi um dos conselhos mais úteis que já me deu. Sempre lembro disso e sinto-me grata por ter uma sogra que teve a inteligência de me dizer aquilo, embora eu tenha certeza de que se tocasse no assunto hoje, há apenas uma chance em dez de ela se lembrar do que disse".

Base Comum

Nadja, que gerencia uma agência de propaganda com o marido na cidade de Nova York, também não tinha uma idéia clara sobre o que esperar. "Eu realmente não tinha expectativas. Meu marido tinha um ótimo relacionamento com a mãe e eu o amava muito. Ela era uma boa mãe, então assumi que tudo daria certo." O calor com que foi recebida na família é o que Nadja viu como uma das melhores coisas do seu relacionamento com a sogra. "Minha sogra foi muito receptiva e acolhedora desde o começo", diz Nadja, "Fui convidada para a casa dos meus sogros em Connecticut para um jantar de família onde nos conhecemos. Ela me deixou muito à vontade, foi maravilhoso".

É importante ser realista quanto ao relacionamento sogra/nora. As expectativas de perfeição sempre geram desapontamento. Qualquer pessoa que entra num relacionamento deve levar em conta a necessidade de fazer alguns ajustes. Para alguns, podem ser necessários ajustes maiores. Para outros, a transição pode vir como uma conseqüência natural. Em geral, quanto mais diferentes forem as pessoas, mais ajustes terão de ser feitos.

Isso não significa que a "diferença" precise ser racial, étnica, religiosa ou de classe. Duas pessoas criadas em famílias católicas, mesmo morando em casas vizinhas, podem vivenciar duas criações amplamente diferentes. Talvez uma família tenha um estilo muito reservado e a outra pode ser arrojada e temperamental. Talvez uma família tenha pais muito críticos e intimidadores enquanto a outra tenha pais abertos, carinhosos e generosos em seus elogios. Para as crianças que cresceram nessas casas, essas diferenças criarão dois métodos bastante diferentes de relacionamento e de comunicação. Contudo, os vínculos culturais mais próximos realmente facilitam as transições.

Nel, por exemplo, foi criada numa família judaica conservadora e casou-se com um judeu conservador que também foi criado num lar judaico conservador. Ela e a sogra convivem bastante durante os feriados e outros eventos religiosos. Entretanto, fica claro que somente essa base comum não garante uma perfeita união. Outros tipos de diferenças podem causar desarmonia. Além do que, pessoas com passados totalmente distintos podem aprender a tratar suas diferenças com carinho.

Luzi, uma escritora bem estabelecida, descobriu que embora ela e a sogra viessem de lugares muito diferentes (Luzi foi criada numa cidade pequena e então criou seus filhos no interior), e serem de etnias bastante diferentes, tinham muito para compartilhar. Ambas eram católicas praticantes e freqüentavam a igreja com bastante fé. Depois de quase trinta anos de casamento, o relacionamento de Luzi com sua sogra está mais forte do que nunca. Desde o começo, no entanto, Luzi deixou claro seu desejo de que ela e a sogra fossem como uma família de sangue. "Sempre chamei minha sogra de 'mamãe'," diz ela. "Isso a distingue de minha própria mãe, a quem chamo simplesmente de 'mãe'. Sou a única de suas noras a agir dessa maneira. Também acredito que minha sogra sempre gostou que eu usasse esse termo familiar e carinhoso. Quando meus dois filhos nasceram, minha sogra foi até minha casa ficar comigo. Ela ficou por duas semanas a cada nascimento e literalmente me mostrou como cuidar deles."

Luzi é realista em relação à sogra e não espera perfeição. "A atitude dela é de quem já criou os filhos e agora cabe a eles viver sua vida enquanto ela aproveita a dela. Acredito que ela *se* coloque em primeiro lugar ... e, no que me diz respeito, é assim que deve ser. Ela raramente resmunga ou reclama. Vive dando indiretas de que queria ver as crianças mais vezes, mas não ousaria se convidar para vir aqui em casa, ela espera até que façamos o convite. A verdade é que, se ela morresse amanhã (Deus a Livre!), eu sentiria remorso por não vê-la com tanta freqüência."

Luzi percebeu que, para ela, o casamento trouxe toda uma "família linda". "Eles não são apenas a família do meu marido, minha sogra e minha mãe (ambas viúvas) se dão muito bem e tem sido assim desde que se conheceram no meu casamento. Na verdade, são como amigas. Quando minha sogra vem me visitar, ela fica com a minha mãe, que tem uma casa grande, porque não temos espaço aqui. Ela e minha mãe fazem muitas coisas juntas: fazem compras, vão à missa, jantam fora, vão *juntas* ao cabeleireiro. Isso é ótimo porque quando minha sogra está na cidade, minha mãe se diverte muito, dando espaço para que eu cuide da minha vida."

Questões de Personalidade

Embora as diferenças religiosa e cultural sejam fontes comuns de problemas, a ausência delas não garante harmonia. Personalidade, pontos de vista sobre afeição, críticas, hábitos pessoais e escolhas de vida são essenciais à formação de um relacionamento entre nora e sogra.

Por exemplo, a sogra de Jeri gosta mais das filosofias orientais do que da igreja metodista em que tanto ela quanto Jeri foram criadas. "Ela é uma mulher bastante determinada", explica Jeri, editora de texto. "Nos damos bem desde que ela não tente me fazer concordar com suas idéias. É muito insistente em suas opiniões e às vezes tenta me forçar a ver seu ponto de vista como correto. Certa vez, ela passou dos limites na minha casa e meu marido teve de apaziguar. Não me lembro dos detalhes a não ser que disse algo como: 'Esta é minha casa', então ela saiu bufando. Foi preciso uma semana para que as coisas se acalmassem e acho que nos perdoamos por causa do meu marido".

O marido de Jeri não tentou persuadir sua esposa a submeter-se à sogra, apenas deixaram claro que Jeri era a dona da casa. "Meu marido e minha sogra são bastante próximos. Ele foi o único garoto que não estava sempre contra ela enquanto crescia. Geralmente ele a lembrava de que suas opiniões não eram a única visão do mundo. Ele é bastante equilibrado e assim consegue trazê-la à razão".

Apesar dessas questões, Jeri sente que seu relacionamento com a sogra funciona. "Considerando tudo", diz ela, "nos damos bem 99% do tempo". Descobriu que estar aberta para questões emocionais com sua sogra ajudou no relacionamento. "Meu marido achou que era função dele cuidar da mãe depois da morte do pai. Em várias ocasiões, ela e eu conversamos sobre essa atitude do meu marido, que se sentia responsável, acredito que isso ajudou-nos a sentir que estávamos em nível de igualdade no relacionamento".

Ter uma mulher de temperamento forte por perto não tem sido algo ruim. Jeri e a sogra criaram uma relação baseada na independência e no respeito mútuo e isso funciona muito bem. "Admiro-a pela pessoa que é", diz Jeri, "Acho que temos um bom relacionamento, a comunicação é boa e ela sabe que sou responsável pela minha vida e que pode expressar sua opinião, mas que não a seguirei necessariamente".

Grandes Expectativas

As expectativas de como *deveria* ser o relacionamento sogra/nora podem ser um obstáculo para uma relação saudável. Ter planos e esperar que alguém tenha um determinado comportamento freqüentemente leva à decepção. Se, por exemplo, uma nora espera que seu relacionamento com a sogra seja íntimo e carinhoso e a sogra não está inclinada a comportar-se dessa maneira, essa pode ser uma receita para um coração partido.

"Eu não sabia o que esperar", disse Emma, que se casou aos vinte e poucos anos enquanto seu marido se formava em arquitetura, "e certamente não sei o que minha sogra esperava de mim". Quando se conheceram, Emma e a sogra realmente se deram bem. "Foi amor à primeira vista", diz ela. Apesar de a sogra estar morando na Europa naquela época, elas sempre trocavam cartas. "Minha sogra e eu nos dávamos bem quando Nick e eu estávamos namorando. Logo nos tornamos amigas. Então, de repente, no minuto em que decidimos nos casar, tudo ficou estranho".

Por causa do casamento, Emma sentiu-se perdida e sobrecarregada. Ela procurou a orientação da sogra, mas não recebeu o apoio que precisava e esperava. "Minha sogra me disse como as coisas seriam. Avisou-me que o filho dela sempre seria o filho dela e que esperava que eu não tivesse expectativas de me tornar parte da família só porque estava me casando com ele. Eu não esperava nada", disse Emma, "mas certamente não esperava aquela reação".

Sentindo-se magoada, Emma evitou qualquer intimidade. Sua sogra passou a dar ainda menos apoio e, em resposta, Emma ficou menos à vontade e mais insegura. Durante o casamento, a sogra foi educada, mas nada mais. Emma percebeu que tinha sido rejeitada, de repente e sem aviso. Também observou que a sogra a julgava por critérios misteriosos. "Eu não sabia o que ela queria de mim nem como agir sem esperar uma reação negativa. Eu estava realmente arrasada".

Depois do casamento, a sogra tentou se desculpar por ser tão distante. A explicação foi de que nunca quis ser vista como uma sogra. Emma disse que: "Ela era uma sogra, quer dizer, o que significava tudo aquilo? Senti como se de repente ela estivesse agindo como o estereótipo da sogra que ouvimos em todas as piadas. Como poderia perdoá-la? Quase cancelei meu casamento por causa dela. A verdade é que agora nos damos muito bem. Temos temperamentos fortes e precisamos de tempo para acertar as coisas".

Mariette, uma decoradora de interiores, percebeu que, apesar de muitas das ações da sogra serem imperdoáveis, ela encontrou uma maneira de passar por cima disso. "Finalmente nos tornamos amigas", diz ela: "Agora minha família é um grupo do qual minha sogra quer fazer parte. Antes disso, ela sentia como se estivesse competindo comigo pelo afeto do filho".

Antes de conhecer a futura sogra, Mariette esperava um relacionamento carinhoso, mas "Ficou claro desde o começo que minha sogra e eu não nos daríamos bem. Antes de conhecê-la, imaginava que minha sogra seria como uma segunda mãe ou uma tia adorável". Mas não era para ser. "Meu marido e eu brincamos que se pegássemos meus pais, de certo modo distantes e pouco envolvido, e juntássemos com sua mãe bastante envolvida e controladora, teríamos 'pais normais'," ri Mariette.

"Meus pais foram muito controladores enquanto eu estava crescendo, mas relaxaram bastante (talvez demais) quando fiquei mais velha. Meu marido passou boa parte da infância com um pai distante e uma madrasta muito carinhosa. Algo que complicou meu relacionamento com minha sogra foi o fato de que a madrasta do meu marido e eu nos darmos muito bem. Minha sogra sempre teve muito ciúme da madrasta dele e de suas filhas. A segunda família do meu marido é bastante grande e eles me aceitaram de imediato. Eu os conheci cerca de um ano depois de conhecer minha sogra e fiquei muito feliz por ter sido aceita".

Casando-se com a Família

O velho ditado que diz que: "Você não se casa com a família", é mentira. Já que somos todos produtos das nossas famílias, quer sejamos como eles quer sejamos rebeldes, nossas famílias são uma parte de nós. Freqüentemente a mulher terá dúvidas quanto a se casar com um homem cuja família é insuportável. Por outro lado, há casamentos que permanecem intactos por causa do amor que existe entre a sogra e a nora.

"Antes de conhecer meu marido", disse Judith, que é técnica de raio X durante o dia e uma fotógrafa animada no tempo livre. "Vivi com um homem por dois anos e *realmente* não gostava dos pais dele. Eu sabia que nunca poderia me casar com ele porque a idéia de passar o resto da vida com tais sogros era realmente incabível. Eu não tinha idéia de como seriam os sogros perfeitos, mas esperava que fossem o mais parecido possível com os meus pais e foi bem assim que tudo aconteceu. Meus pais e meus sogros são bastante parecidos (com algumas diferenças importantes). Hoje em dia, estamos criando o costume de passar juntos o Dia de Ação de Graças na casa dos meus pais e a Páscoa Judaica na casa dos meus sogros". Judith percebeu que, embora seu relacionamento com a sogra não seja perfeito, ainda pode melhorar. "Somos muito carinhosas uma com a outra. Em vários, vários aspectos, ela é a sogra ideal e me apóia muito nas coisas que faço. Quando fiz uma exposição de fotos, recentemente, ela veio com uma rosa na mão e comprou uma das minhas paisagens, isso me fez sentir ótima".

Estabelecer Limites

É imperativo determinar os limites entre a esposa, o marido e a sogra. Se nunca disseram à sogra que quando ela impõe a sua presença, de certa maneira, isso incomoda os demais, como poderá saber que está fazendo algo errado? Pode ser difícil para a nora estabelecer seu lugar como Número Um na vida do marido aos olhos da mãe dele. Às vezes a dificuldade surge porque é difícil para o casal saber quando e onde estabelecer o limite.

"Por certo tempo", diz Judith, "quando meu marido e eu começamos a viver juntos, minha sogra telefonava pelo menos uma vez por dia, às vezes mais do que isso, cada vez com uma pergunta mais ridícula do que a outra. Parecia que não podia evitar, como se o telefone fosse na verdade um interfone e estivéssemos morando no quarto ao lado. Certa vez ela telefonou no meio do dia (eu trabalho em casa), para perguntar se tínhamos lavado o carro recentemente. Ela achou que o carro estava incrivelmente brilhante quando passou dirigindo em frente de casa e queria saber. Há poucas semanas, ela telefonou para o escritório do meu marido para dizer que tinha aberto uma loja de departamentos perto de nós. Esses telefonemas me incomodam um pouco, mas meu marido fica realmente bravo. Ele grita com ela ao telefone: 'Que tipo de mãe liga no trabalho do filho????'"

Apesar de ser importante estabelecer limites, também é importante entender que talvez a sogra não esteja se comportando arbitrariamente nem fazendo exigências vazias. Analise mais a fundo e considere se ela sente a necessidade de uma conexão mais profunda com você e o filho dela. Embora você deva cuidar de suas próprias necessidades, também é preciso abrir espaço para sua sogra. Judith está aprendendo a cuidar de questões de privacidade, quer sair do "quarto ao lado" e criar um nível mais agradável de contato. Ela está nos estágios iniciais do casamento e precisa fazer alguns ajustes.

O contato em quantidade pode, de fato, ser a busca incessante do contato de qualidade. As exigências aparentemente excessivas da sogra podem ser a maneira que ela encontra para pedir algo de que sente necessidade. Talvez telefone mais vezes do que você gostaria porque o contato que tem com você e/ou com seu marido está deixando a desejar.

Judith diz que acredita que boa parte da dificuldade que tem com a sogra vem do fato de o seu relacionamento ser novo. Às vezes acha sua sogra intrusa, mas sabe que a mãe de seu marido é realmente gentil e quer ajudar. Mas de vez em quando, sente-se manipulada por ela. "Quando meu marido tenta pôr um basta, ela faz chantagem emocional, ele cai como um patinho e eu também, o que tem sido a maior surpresa de todo esse relacionamento. Eu *realmente* me importo com o que ela pensa e não quero parecer ingrata por sua generosidade. Só no ano passado, ela e meu sogro pagaram metade das despesas com a festa de casamento, nos ajudaram a comprar um carro e nos deram uma poupança de presente. Freqüentemente também fazem as compras de supermercado. Quero agradecer por seus presentes, então me sinto mal por também querer espaço".

Marcando a Fronteira

Quando Estelle, uma professora do maternal, e seu marido, programador, decidiram comprar uma casa, sabiam que marcar fronteiras satisfatórias seria uma tarefa difícil. Ela estava em dúvida quanto a morar perto da sogra, mas também queria estar lá caso ela ou o marido precisassem. "Meus sogros vivem a poucos quilômetros de nós", diz ela. "Quando começamos a procurar uma casa, eu fiquei inflexível quanto a procurar na área por meses e meses. Acabamos encontrando uma num bairro próximo que parecia satisfatório. Eu estava preocupada, acreditava que a proximidade resultaria em visitas inesperadas, mas eles não fazem isso."

"De qualquer modo, estar próximo facilitou que meu marido passasse por lá quando uma instalação elétrica precisasse de conserto ou eles precisassem de ajuda com o telhado. Considerando a pequena distância, não vejo meus sogros com tanta freqüência. Nos encontramos nos feriados, e a família do meu marido passa uma semana de férias na praia todo ano. Fora isso, há visitas ocasionais, ou damos uma passada quando eles precisam de algo. Meu marido conversa com a mãe uma vez por semana. Às vezes estou na sala enquanto conversam (nós temos viva-voz), outras vezes não."

Entretanto, Estelle não se sente à vontade quando passa algum tempo com a sogra. "Ela é extremamente inquisidora, beirando ser bisbilhoteira, isso me incomoda. Acho que é extremamente interessada pela vida dos filhos porque não tem outros interesses. Às vezes isso é demais para mim. Por exemplo, ela encontrou alguns amigos meus em eventos sociais, desde então vive perguntando sobre eles, suas famílias, seus empregos, seus planos e assim por diante. Tudo isso, além de querer os detalhes de tudo o que meu marido e eu estamos fazendo. Não me leve a mal, ela é uma mulher muito doce. Apenas sente a necessidade de saber tudo sobre todos e eu acho isso muito difícil de aturar."

Trocas e Limites

Nadja se considera uma mulher de sorte. Sua sogra não apenas a recebeu bem na família, como também se tornou amiga de sua mãe. Apesar do bom relacionamento, Nadja diz que a comunicação entre elas poderia ser melhor. Sabe que não recebe muito retorno. Freqüentemente, Nadja, sente que pode ter magoado a sogra e nunca sabe o por quê. Ela acredita que a sogra não demonstra seus sentimentos.

Nadja diz: "O bom é que ela não interfere. Sou extremamente independente e apesar de respeitar minhas escolhas, ela nem sempre concorda. A maioria das vezes ela não diz nada, em outras, passam-se anos até que eu descubra como ela realmente se sentia sobre determinada questão ou evento".

Nadja descreveu sua cerimônia de casamento como um exemplo da falta de troca com a sogra. "Meu marido e eu decidimos nos casar depois de morarmos juntos por cinco anos em uma casa que compramos em conjunto. Certo final de semana, decidimos que nos casaríamos na sexta-feira seguinte. Preferimos um casamento no cartório apenas com a presença dos meus pais, meus sogros e meu cunhado. Fomos até a casa dos meus sogros depois da cerimônia e mais tarde jantamos num ótimo restaurante. Minha sogra convidou alguns parentes para visitar sua casa antes de irmos ao jantar. Embora não soubéssemos que ela faria isso, ficamos felizes de encontrá-los. Achei que todos tinham aproveitado o dia, incluindo o jantar.

"Anos mais tarde, quando minha sogra estava falando sobre um casamento que se aproximava, descobri que apesar de ela ter adorado nosso casamento e embora o dia tivesse sido agradável, ela ficou muito magoada e decepcionada por não ter tido a oportunidade de convidar todos os parentes para compartilharem de sua felicidade. Ela gostaria de ter oferecido uma festa para nós. Nunca soube como se sentia. Não sei se teria feito algo diferente, mas ela nunca disse uma só palavra sobre o seu desapontamento. De qualquer modo, apesar de sua decepção, sempre foi ótima conosco."

Segunda Chance com a Família

As mulheres que cultivam a intimidade com suas próprias mães podem encontrar intimidade em seus relacionamentos com as sogras. Para algumas mulheres, cujo relacionamento com a própria mãe foi difícil ou deixou a desejar, uma sogra pode se tornar a mãe que elas nunca tiveram. E quando a sogra também quer um relacionamento íntimo com a nora, ou está procurando a filha que nunca teve, essa pode ser uma relação muito compensadora.

Alguns relacionamentos entre sogras e noras podem ser mais fortes e íntimos que os entre mãe e filha. De acordo com Helene Arnstein (1985), a família do marido pode dar uma "segunda chance com a família" para algumas mulheres. Por exemplo, Larrissa nos disse que embora não esperasse ficar íntima de sua sogra, gostou dela desde o começo. "Na verdade, não consigo lembrar a primeira vez que nos vimos, mas me lembro de achá-la muito carinhosa e afetiva. Mas certamente não esperava que nosso relacionamento fosse tão próximo e nunca esperei que fôssemos ainda mais íntimas do que sou da minha mãe".

Larrissa, uma professora de faculdade que vive na região oeste do Canadá, nunca teve muita intimidade com a mãe. "Meus pais faziam parte do Peace Corps (uma organização norte-americana de voluntários da paz). Cresci como filha única em uma variedade de países em desenvolvimento, mudando sempre a cada poucos anos. Meu marido, Jim, por outro lado, passou os primeiros 18 anos de vida na mesma casa. Ele é o mais novo de oito irmãos e todos são muito próximos. Jim é o bebê adorado da família. Eu nunca tive esse tipo de afeto."

Ao conhecer a família do marido e encontrar a presença acolhedora e amorosa da mãe dele, Larrissa sente que agora tem a família que nunca teve. "Acredito que Joan diria que me considera como uma filha. Em muitos aspectos, sinto-me mais à vontade perto dela do que perto da minha mãe. Acho mais fácil confiar nela e procurá-la do que à minha mãe, ela é mais carinhosa comigo. Afinal, minha mãe nunca se encaixou bem no papel materno. Não a culpo por não participar de certas coisas." Está claro que a sogra de Larrissa, Joan, lida com o papel de mãe com maior facilidade.

Larrissa diz que "Joan, que é adorada por todos os filhos, genros e noras, é uma mãe nata. Além do mais, sinto que temos algo muito especial. Minha sogra me levou para comprar o vestido de casamento, algo que acredito que a maioria das noivas faça com suas mães. Ela insistiu em participar quando descobriu que minha própria mãe não iria comigo. Joan me deu de presente um vestido absolutamente lindo e muito caro e ainda passamos o dia todo juntas. Foi um grande prazer, ambas aproveitamos cada segundo daquele dia. Quando nosso filho nasceu, Joan veio de Toronto para Vancouver imediatamente, antecipando seus planos de Natal. Ela passou duas semanas conosco e nos deu um apoio incrível, ajudando com tudo; desde lavar roupa até dar instruções enquanto eu amamentava. Minha mãe nunca teria feito isso. Não a culpo, mas fico feliz por ter Joan. Fico triste por vivermos em extremidades opostas do país. Gostaria de poder ir de carro até a casa dela!"

Essa intimidade entre nora e sogra não está isenta de turbulências. A mãe de Larrissa se sentiu preterida e houve um certo incômodo como conseqüência. Larrissa diz que "Nossos pais são muito parecidos e gostam da companhia um do outro. O relacionamento das nossas mães não é tão bom. Minha mãe sente-se insegura e ameaçada perto de Joan, talvez porque seja óbvio meu carinho por ela. Minha mãe também se defendeu há muito tempo com algumas atitudes bem-intencionadas por parte de Joan e guarda mágoas desde então".

Criar sua família com o marido também foi um desafio porque Larrissa sente que a sogra estabeleceu um padrão impossível. Ela também sabe que se casou com o caçulinha da mamãe. "Será que posso dizer 'mimado'?", perguntou. "Meu marido foi completamente mimado. Acreditava que minha sogra quisesse que eu seguisse seus passos e assumisse o papel de 'paparicadora' do Jim. Deixe-me colocar da seguinte maneira, Joan costumava colocar o pijama dele na secadora todas as noites para que estivesse quentinho quando ele o vestisse na hora de dormir ... preciso dizer mais?"

Eva, que é defensora das crianças e ativista das minorias em Washington, D.C., também descobriu que seu relacionamento com a sogra é mais natural e acolhedor do que com a mãe. Ela diz: "Eu me relaciono melhor com minha sogra do que com a minha mãe, sinto dizer. Para começo de conversa, eu estava muito preocupada se meus sogros me aceitariam, que dirá se *gostariam* de mim. Sou afro-americana e meu marido e sua família são brancos. Quando isso parecia não fazer diferença, presumi que meu relacionamento com minha sogra ou seria tenso ou como meu relacionamento com a minha mãe. Respeito, boas maneiras e etiqueta são de grande importância para ela e isso gera uma grande distância entre nós.

"Quando Jason e eu estávamos namorando, ele tinha de se dirigir à minha mãe como 'Srª. Grantley', enquanto eu chamava a mãe dele de 'Claire'. Ele não chamou minha mãe pelo primeiro nome até nos casarmos, isso porque namoramos durante cinco anos! Quando estávamos prontos para casar, Jason pediu a permissão da minha mãe. Acho que ela teria ficado consternada caso não o fizesse.

"Para mim, minha sogra, Claire, representa o resumo da maternidade. No primeiro Natal que passamos com ela, havia 17 presentes esperando por mim quando cheguei e ela chorou quando fui embora. Amo minha mãe, mas quando conheci Claire, vi que ela era a mãe dos meus sonhos e o tipo de mãe que eu queria ser."

Eva conseguiu manter as "duas mães" afastadas e não permitiu que nenhum atrito se desenvolvesse entre elas. Eva nota que, "Claire teve Jason aos 18 anos, então suas gerações estão mais próximas. Além disso, Claire é muito aberta nas discussões com os filhos, que podem conversar com ela sobre 'qualquer coisa'. Quando nasci minha mãe estava com 34 anos. Sei que a idade em si não constrói uma carreira, mas há um conflito de gerações entre nós. Não posso falar até que dirijam a palavra a mim, não discuto questões polêmicas com ela. Para começo de conversa, ela não ia querer e também acredito que simplesmente não concordaria com qualquer coisa que eu dissesse. Na casa da minha mãe, o ditado 'As crianças foram feitas para serem vistas e não ouvidas' era lei. Na casa de Jason não era assim. Recentemente, Jason, as crianças e eu mudamos de Washington, D.C., para Delaware, a três horas de distância de ambas famílias. Claire vai nos visitar pelo menos uma vez por mês e, se pedirmos, vem nos ver imediatamente. Minha mãe ainda não nos visitou, mas eu não teria coragem de dizer isso a ela. Nós não temos o tipo de relacionamento que me deixa à vontade, mas nunca contaria que minha sogra nos visita com regularidade, isso lhe deixaria enciumada.

Filha/Mentora/Amiga

Apesar de haver relacionamentos entre sogra e nora tão íntimos quanto os entre mãe/filha, existe algo de único no tipo de intimidade entre uma mãe e sua filha. Em seu estudo de 1954 sobre sogros, Duvall apontou que 15,9% das mulheres disseram que a sogra era *como* uma mãe para elas. Mas certos padrões de comportamento ou hábitos de familiaridade podem ter um efeito negativo num relacionamento mãe/filha. Alguns vínculos, os verdadeiros vínculos familiares incondicionais, podem permitir uma certa dose de desrespeito ou mau comportamento porque a união nunca está em risco. O tipo de vínculo maternal que pode ocorrer entre sogra e nora geralmente está desprovido da "bagagem" familiar e das invasões emocionais, apesar de ainda permitir intimidade.

Nel valoriza sua sogra por ajudá-la a encontrar forças para lidar com seus problemas familiares. "Passei oito anos sem falar com meu pai depois de muita dificuldade com ele. Durante a separação, minha sogra apoiou minha decisão de não voltar a falar com meu pai. Ela disse que eu precisava fazer o que era certo para mim e para minha nova família". Ter alguém que a apoiasse, alguém que fosse da família e ao mesmo tempo não fizesse parte dela, foi importante para Nel e ajudou-a a encontrar forças para permanecer firme em sua decisão. "Ela me disse que estava orgulhosa por me ver enfrentar sozinha uma situação difícil. Respondi que ela tinha me ajudado a chegar a esse ponto de equilíbrio na minha vida. Ambas choramos pelo telefone. Nos anos a seguir, voltei a me relacionar com meu pai, e mais uma vez minha sogra apoiou minha decisão."

Barbara Quick (2000) escreveu sobre as necessidades que as mulheres têm de uma mentora do mesmo sexo. Ela diz que: "A distinção entre uma boa mãe e uma boa mentora" não estava completamente clara para muitas mulheres que foram entrevistadas. Ela também descobriu que a maioria das mulheres que tiveram mentoras sem laços sanguíneos acreditavam que "suas mães de sangue não tinham desempenhado bem seus papéis". Isso se encaixa na teoria de Arnstein sobre a "segunda chance com a família". Nel encontrou em sua sogra tanto a mentora quanto a mãe. "Minha sogra é uma das melhores amigas que já tive. Ela teve um papel muito importante para que eu me tornasse quem sou. Eu a conheço desde os vinte e um anos de idade e ela sempre foi um modelo excelente." Infelizmente, esse sentimento gerou certa estranheza no relacionamento de Nel com a mãe.

O que significa ter uma "segunda chance com a família" quando sua "primeira família" está viva e bem? Para Nel, sua mãe se sentiu preterida. "Houve momentos difíceis nos primeiros anos porque minha mãe se sentiu muito ameaçada por meu relacionamento com minha sogra. Hoje em dia, minha mãe superou um pouco esse sentimento e aceita o fato de que posso amar tanto minha sogra quanto ela".

Perguntas em Resumo

Ler este livro, além de reunir informações de outras fontes, trará descobertas sobre o seu relacionamento com a sua sogra. Tais descobertas não serão, em si, agentes de mudança, mas poderão levá-la a um compromisso emocional e a ações que podem causar uma mudança e um crescimento reais.

Agora, respire fundo. Encontre um local quieto e confortável para responder às seguintes perguntas. Essas questões têm por objetivo provocar uma reflexão aberta e honesta, ampliar a sua consciência emocional e levá-la a um conhecimento mais profundo sobre o seu relacionamento com a sua sogra. Elas vão ajudá-la a encontrar uma nova direção ao encorajá-la a investigar condições que talvez não tenham sido consideradas antes.

Talvez você ache produtivo responder a essas perguntas num diário ou num caderno reservado para este fim. Quando terminar de responder todas as questões deste livro, talvez descubra que alguns sentimentos e pensamentos em relação à sua sogra mudaram e então terá um registro escrito do resultado.

- *Como você descreveria seu relacionamento com a sua sogra? Bom/Ruim/Péssimo? Existem eventos ou questões em particular que ilustram por que se sente dessa maneira? Você pode descrever tais eventos ou questões?*
- *Como você descreveria a dinâmica do relacionamento entre sua sogra, seu marido e você?*
- *Como você descreveria seu relacionamento com sua mãe?*

Capítulo 2

Qual é a Medida de Bom?

Há outro tipo de energia além da necessidade de servir. Acho-a muito carente, o que me deixa na dúvida (e às vezes com raiva) da sua atitude de doação. Às vezes sinto que sua bondade tem a intenção de forçar uma atenção recíproca. Ela costuma telefonar e dizer: "Fiz sua sopa favorita". E eu digo: "Nós já temos planos para hoje à noite e amanhã à noite, então não podemos ir aí". Ela responde: "Vou levá-la para vocês".

— Judith

Ela tem sido ótima de tantas maneiras e tão solícita. Tenho de ser grata por ter me ajudado a tomar iniciativas com meus filhos, coisa que não teria aprendido sem sua orientação, coisas como ensiná-los a usar o banheiro.

— Joy

Quando fazemos a pergunta "O que é bom?", também precisamos perguntar "Qual é a medida de Bom?" Às vezes, um relacionamento é realmente bom se todos estão contentes, mesmo se as circunstâncias parecerem difíceis ou estranhas. Por exemplo, se sua sogra vive a 500 quilômetros de distância e você acredita que seu relacionamento funciona, então funciona. Se sua sogra vive com você em casa e há um contato direto e íntimo que ambas acreditam que funciona, então funciona. Se for aceitável, então é aceitável. Se apenas *parece* aceitável, então você deve questionar se é *realmente* aceitável. A nora deve avaliar honestamente a situação à sua frente.

O Bom é Sempre Bom?

Muitas das noras que entrevistamos e disseram ter "bons" relacionamentos também tinham sérias áreas de conflito e dificuldade em determinados aspectos da personalidade da sogra. Entretanto, eram capazes de negociar essas questões. Está claro que nenhum relacionamento está isento de imperfeições, não importa o quão maravilhoso seja. Ser capaz de progredir do estágio inicial, crescer e modificar com o passar dos anos para algo confortável, íntimo, intenso ou profundo é geralmente visto como algo bom. Alguns novos relacionamentos são promissores, outros têm menos chances de deslanchar devido a vários fatores.

Quando as pessoas não estão dispostas ou são incapazes de se comunicar, ou as necessidades de uma pessoa não combinam com as da outra, as dificuldades aparecem. Embora Judith considere sua sogra gentil, ela não acredita que seja sempre o altruísmo puro que motiva a mãe de seu marido. "Há sempre algo por trás de seu afeto", diz Judith, que é técnica de raio X, "Há outro tipo de energia além da necessidade de servir. Acho-a muito carente, o que me deixa na dúvida (e às vezes com raiva) da sua atitude de doação. Às vezes sinto que sua bondade tem a intenção de forçar uma atenção recíproca. Ela costuma telefonar e dizer: 'Fiz sua sopa favorita'. E eu digo: 'Nós já temos planos para hoje à noite e amanhã à noite, então não podemos ir aí'. Ela responde: 'Vou levá-la para vocês'."

Esse comportamento é claramente intruso para Judith. Ela reconhece que não está acostumada aos carinhos excessivos que sua sogra oferece. Mas, apesar de a sogra fazer com que se sinta incomodada ao tentar se meter na vida do jovem casal, Judith também acredita que todos acabarão encontrando seu espaço sem ficar passando uns por cima dos outros e que essas questões só se resolvem com o tempo. "Não me leve a mal, o relacionamento é bom, mas sempre pode melhorar."

Joy, a professora de música, também teve de resolver algumas situações incômodas com a sogra. "Certa vez, quando minha filha mais velha, que agora tem nove, tinha dois anos, minha sogra estava lhe dando banho. Eu estava ensaiando no quarto ao lado. Quando chegou o momento de tirar Luiza da banheira, ouvi minha sogra dizer que ela seria levada ralo abaixo se não saísse naquele instante. Ela estava usando o medo como uma tática de manipulação, queria assustar Luiza até que ela fizesse o que era desejado e não estava pensando no impacto que isso teria sobre minha filha, imagino eu.

"De qualquer jeito, naquela época acho que não disse nada. Mas da próxima vez que dei banho em Luiza, ela estava com medo de entrar na banheira porque estava convencida de que seria sugada pelo ralo. Disse-lhe que isso não aconteceria, mas claro que Luiza acreditou na avó. Naquele exato momento eu liguei para minha sogra e contei-lhe que Luiza estava com medo de tomar banho porque ela a tinha assustado. Expliquei à minha sogra o que eu acreditava ter acontecido da última vez que ela deu banho na neta.

"A princípio, ela negou ter dito aquilo, mas eu disse que tinha ouvido do quarto ao lado. Ela ficou quieta por um momento e então acho que se lembrou do episódio e do que tinha dito. Não teve más intenções e acho que ficou arrasada por ter prejudicado a neta. Pedi-lhe que falasse com Luiza pelo telefone e dissesse que não era verdade que poderia ser levada pelo ralo. Minha sogra fez como pedi, fiquei muito aliviada e minha filha aproximou-se da banheira com menos medo.

"Então", seguiu Joy, "no ano seguinte, minha sogra disse à minha filha de três anos, Veronica, que *ela* seria sugada pelo ralo se não saísse da banheira imediatamente. Graças a Deus Veronica já sabia a verdade. Quando me contou sobre esse episódio, simplesmente disse que às vezes a vovó dizia besteiras. Fiquei furiosa por saber que minha sogra tinha cometido o mesmo 'erro estúpido' (ao meu ver), mas não fiquei muito surpresa. Pode ser muito difícil modificar comportamentos enraizados.

"Realmente acredito que não havia malícia nem crueldade envolvidas nos dois episódios. Acho que minha sogra estava tentando ser engraçada, ou esse era seu jeito de manipular as crianças. Ela tem sido ótima de tantas maneiras e tão solícita. Tenho de ser grata por ter me ajudado a tomar iniciativas com meus filhos, coisa que não teria aprendido sem sua orientação, coisas como ensiná-los a usar o banheiro. Eu respeitava demais a privacidade do meu filho até que aprendi algo que ela me ensinou tão bem: como orientar."

Reconhecendo as Diferenças

Joy sabe que um *bom* relacionamento significa esforço. Não significa que as coisas são fáceis de maneira nenhuma. Resolver um conflito com sucesso pode ser, em si, algo bom. O testemunho de um bom relacionamento pode ser visto no fato de duas pessoas muito diferentes se darem tão bem. "Minha sogra tem muito a oferecer. Somos bastante diferentes, mas gosto dela, realmente gosto. Aquilo que aprecio e considero mais difícil é o fato de a minha sogra ter um temperamento forte e ser muito franca. O que não gosto nela é sua atitude mandona, preconceituosa, às vezes presunçosa, e o fato de ela não fazer uma autocrítica. Mas dada a época e o local em que cresceu, suas experiências de vida, acho que no geral é uma mulher maravilhosa. Tenho sorte de tê-la como sogra.

"Também sei que o nosso relacionamento teria sido penalizado caso não tivesse escolhido ser aberta com ela sobre alguns sentimentos ruins que tenho ocasionalmente. Fico feliz por ter tido uma mãe que permitiu que me expressasse sem julgamentos. Ter sido aberta e comunicativa com minha sogra permitiu que o lado bom superasse o ruim na soma total das coisas."

Embora Joy descreva o seu relacionamento com a sogra como "bom", está claro que existem dificuldades e desgastes emocionais como resultado dos anos passados. Joy acredita que a franqueza e a comunicação são aspectos vitais de um bom relacionamento. Ela descobriu que as ações valem mais que as palavras e que talvez a sogra gostaria de ouvir menos palavras do que Joy gostaria de dizer. "Certa vez minha sogra me disse para procurá-la caso tivesse um problema ou algo assim", lembre-se. "Entendi que caso tivesse algum problema com ela, deveríamos conversar. Mas na primeira vez em que fiz isso, ficou claro que não era bem isso que ela tinha em mente. Entretanto, conseguimos resolver e repetimos o processo várias vezes."

Para algumas noras, a necessidade de ter um relacionamento íntimo com a sogra não é tão intensa, já para outras, aparentemente é muito importante. Lahna, que publica uma revista bem-sucedida e premiada e tem um longo histórico no ramo de arte gráfica, disse que está muito feliz com o seu relacionamento com a sogra. Quando se conheceram, ela a achou "legal". "Eles [os sogros] eram jovens comparados aos meus pais. Andavam de moto, uma Harley. Achei que era muito legal da parte da mãe de Mark fazer isto."

Lahna não vive perto dos sogros, então não há contato diário. Na verdade, eles se falam pelo telefone uma vez por mês e a conversa nunca vai além das amenidades. "O fato de a minha sogra ficar distante de certos tópicos de conversa é uma prova da força do nosso relacionamento. Acredito que ela respeita minhas opiniões." Entretanto, Lahna admite que se houvesse um contato mais íntimo, as diferenças entre as duas poderiam dificultar as coisas. Então, para Lahna, evitar assuntos difíceis e manter uma distância confortável parece funcionar bem. Lahna nunca sentiu qualquer incômodo ou tensão entre ela e o marido em relação à sogra.

Mariette demonstra magnanimidade em relação à sogra, a mulher que a rejeitou de maneira tão terrível (veja os capítulos 1 e 9). Em vez de rejeitar a sogra, Mariette preferiu compreendê-la. Ela explica que viu a crueldade da sogra como um sintoma de insegurança. "Queria encontrar uma maneira de garantir à minha sogra que eu (e, claro, meu marido) a amamos e nunca a abandonaremos. Talvez ela fosse menos exigente e carente se soubesse disso." A forte união que Mariette compartilha com o marido evitou que sentisse o comportamento da sogra como uma ameaça ao seu casamento. Atualmente seu relacionamento com a sogra é bom e ela sente que ficou assim porque deixou claro, assim como o seu marido, que ninguém poderia separá-los.

Embora sejam próximas, agora, Emma e a sogra passaram vários anos difíceis sem se falar. Ela não sentiu que tinha o apoio ativo do marido, Nick, embora soubesse que o coração dele estava ao lado do dela. Emma, assim como Mariette, sentiu-se rejeitada pela sogra e, assim como Mariette, preferiu evitá-la o máximo possível. Mas sua sogra também optou por esse caminho e Emma viu essa atitude como mais uma prova de rejeição. "Eu estava convencida de que minha sogra me odiava e, apesar de o meu marido e eu formarmos um ótimo casal e nos amarmos muito, ela parecia não dar valor ao meu papel de esposa."

O marido de Emma, Nick, sentia-se preso no meio do fogo cruzado e preferiu ignorar a situação. Sentiu que seu relacionamento com os pais era frágil e temia que expressar algo contrário aos seus desejos pudesse romper o equilíbrio delicado. Emma nunca disse o quanto se sentia mal quando era excluída das reuniões da família dele.

"Ele dizia: 'Tem certeza de que está tudo bem se eu for a uma das apresentações do papai sem você?' O pai de Nick é violinista clássico e Nick foi convidado para ver uma de suas apresentações e eu não. Simplesmente era como se ele e eu não fôssemos um casal. Mas eu nunca ousaria dizer: 'Ei, você não acha que não é nada legal convidar o marido e não convidar a esposa?' Não que fosse um momento especial para nos reunirmos. Era uma apresentação pública e estava claro que eu não era bem-vinda. Nem ao menos tinha escolha. Se o Nick não era capaz de perceber, não seria eu a dizer alguma coisa."

O problema em questão era que, apesar de não ser um bom momento no relacionamento com a sogra, tudo ficou pior com a falta de sensibilidade do marido. Caso Nick tivesse expressado preocupação ou decidido não ir aos concertos do pai, ele teria deixado claro que não ia concordar com a exclusão da esposa.

É vital para um bom relacionamento entre o casal que o vínculo entre o marido e a mulher seja colocado em primeiro plano. Qualquer coisa que possa ameaçar tal vínculo gera atrito, dificuldade e pode ter efeitos devastadores num casamento. Mas Emma e Nick cuidaram de seu casamento e foram capazes de reencontrar e reconstruir o que tinham começado. "Agora eu percebo que minha sogra estava fazendo a mesma coisa que eu: tentando evitar situações incômodas. Ela acreditou que assim estava me dando espaço. Na verdade, eu não queria estar por perto em todos os eventos e viagens. Se não nos dávamos bem, por que forçar uma situação"?

A princípio, quando Emma começou a ser convidada para unir-se à família de Nick, ela gostaria de dizer: "Pode esquecer, vocês me rejeitaram e agora não quero saber". Mas não fez isso, pois percebeu que acabaria piorando ainda mais as coisas. Ela falou com Nick sobre seus sentimentos e ele percebeu o que estava fazendo para contribuir com o seu afastamento. Compreendeu que em seu casamento ainda muito recente, ele estava dando a entender que fazia parte de uma família diferente, uma família da qual ela estava excluída. Então, "Minha sogra e eu passamos a nos ver ocasionalmente e cada vez com mais freqüência. Comecei a perceber como deve ser estranho o papel de sogra. Realmente tentei observar o meu comportamento. Será que eu a estava rejeitando? Percebi que tinha sorte por não ser forçada a participar de todos os eventos familiares. Acho que bastou saber que Nick estava do meu lado e não tentando me excluir".

Nick percebeu que o seu medo de romper o laço com os pais era infundado. Ao falarem abertamente sobre as dificuldades e discutirem as questões que estavam incomodando Emma, todos foram beneficiados com tal honestidade. Contudo, é importante perceber aqui que ser franco demais pode gerar um clima de confronto e criar novos problemas. É essencial ter sensibilidade com o ponto de vista de cada um para se chegar a bons resultados.

Emma está bastante ciente disto: "Caso eu tivesse confrontado o Nick ou a minha sogra logo de início, talvez tivesse criado uma terrível confusão", admite. "Ao esperar pelo momento certo, após ter pensado no assunto, realmente considerado quais eram minhas necessidades e que tipo de solução desejava alcançar, sinto que atingi os melhores resultados. Foi importante dizer ao Nick como me sentia, mas foi mais importante chegar à conclusão de como me sentia na verdade".

Desempenhando um Papel Ativo

Embora Emma ache que foi melhor esperar até que tivesse compreendido suas necessidades, essa não é a receita mais comum para um relacionamento de sucesso com os sogros. O processo de conversar com o marido enquanto busca ativamente encontrar significado em sentimentos confusos e aprender como articular tais sentimentos é bastante fortalecedor.

Um relacionamento nunca é estático, então não há necessidade de ter uma idéia clara de como se sente antes de discutir a questão. Afinal, é provável que seus sentimentos mudem. Confie nas conversas para se conhecer melhor. Além do mais, as coisas podem se resolver com o tempo. Emma disse que: "Depois que minha primeira filha nasceu, minha sogra e eu começamos a passar mais tempo juntas e percebemos que a primeira impressão que tivermos uma da outra ainda estava lá. Na verdade, percebemos que éramos muito parecidas".

Trabalhar para melhorar as questões ou manter o relacionamento da melhor maneira possível deve fazer parte de qualquer relação.

Esperar que tudo se resolva sem qualquer esforço ou consideração nem sempre leva aos resultados esperados. Dar atenção às suas próprias necessidades e considerar as necessidades dos outros ajudará a manter tudo às claras e o relacionamento só tende a progredir. Como cada relacionamento é diferente, também é importante saber o que funciona com você. Muitas pessoas observam outros relacionamentos buscando orientação, sem considerar o que funcionaria melhor em sua própria vida de acordo com suas circunstâncias.

Emma explica: "Fazer viagens para visitar os pais quando eles queriam passar um tempo sozinhos com um filho nunca foi um problema. Na verdade, até fiquei feliz de não participar de algumas viagens. Meus pais achavam isso estranho e viviam receando pela minha situação. Mas eu já tinha observado minha mãe ser arrastada em viagens que odiava. Nunca senti que precisava estar junto sempre que Nick visitasse a família". Ceder um espaço para a privacidade e a intimidade entre mãe e filho, também pode ter ajudado a amenizar a tensão dessa relação sogra/nora. "Espero que, quando os meus filhos se casarem, minhas noras permitam que eu fique sozinha com os meus filhos de vez em quando."

Abrindo Espaço Para o Bom

Há inúmeras razões pelas quais os relacionamentos parecem ser bons, mas no fundo são bastante problemáticos. Talvez uma nora ouça uma mensagem falada pela sogra como positiva, mas receba a comunicação não-verbal como negativa. Talvez a nora se apresente como uma pessoa participativa de um relacionamento positivo, mas quando conta sua história pode perceber que nutre sentimentos ruins que não tinha percebido anteriormente. Descobrimos que muitas noras que inicialmente consideravam os seus relacionamentos "bons", quando contaram suas histórias, estas apresentavam pontos que não faziam parte de tal categoria.

Por exemplo, Ellen classificou o seu relacionamento sogra/nora como "bom", apesar de claramente não ser o que ela esperava. Inicialmente, Ellen foi vista pela sogra como a futura nora perfeita. "Ela sabia que eu era a pessoa certa para ele e disse isso a todos." Mas Ellen acreditava que eram seus esforços que faziam o relacionamento funcionar.

Ellen e o marido, Philip, eram muito próximos dos pais dela, muito mais íntimos do que ele já tinha sido com os próprios pais. De fato, no começo do relacionamento, Ellen começou a promover um maior envolvimento com os pais dele. Ela estava acostumada a uma família unida e tinha esperança de criar o mesmo ambiente com a família de seu marido. Essa tentativa levou a outros problemas. Quando conheceu a sogra, Ellen estava fazendo um curso no instituto de arte e sua sogra era uma ceramista de bastante sucesso. "A princípio, achei ótimo termos tanto em comum. Achei-a divertida e um pouco excêntrica. Sua cerâmica tinha algo de peculiar. Um pouco esquisita, acho que poderia dizer assim. Ela ficou feliz em me ver quando Phil levou-me à casa deles. Nunca disse nada de negativo sobre mim."

Mas os hábitos que Ellen considerava diferentes logo levaram a revelações perturbadoras. "Certos comportamentos que ela exibia me deixavam sem graça. Ela exagerava ou modificava os detalhes de certos episódios, mesmo que a verdade também fosse bastante interessante. É muito meiga, mas passei a considerar algumas de suas atitudes insignificantes e também me arrependi de passar todo aquele tempo com eles no começo do nosso casamento. Philip queria mostrar à família como era generoso e convidava-os para jantar uma vez por semana, às vezes contra a minha vontade. Philip não cozinha, então a responsabilidade era toda minha."

Embora Ellen considere seu relacionamento com a sogra como "bom", o impacto negativo que teve sobre o seu relacionamento com o marido segue até hoje em aproximadamente cinqüenta anos de casamento. Aspectos irritantes da personalidade da sogra, que poderiam ter passado despercebidos, caso ela e Philip tivessem sido mais unidos, foram ampliados por sua insegurança. Ellen sente-se incomodada pelo tempo que o marido passa ao telefone com os pais. Agora ela percebe que o marido estava tentando recriar com seus pais o relacionamento que tinham com a família dela. Mas os pais dele não são como os pais de Ellen e isso apenas gerou discórdia entre marido e mulher. Quanto mais interagia com os pais, mais os convidava para visitá-los e mais Ellen se sentia preterida. Os hábitos diferentes dos sogros fizeram com que ela se sentisse estranha, uma estranha no ninho. Mas ela, com razão, não culpa a sogra pela discórdia. É importante considerar todos os relacionamentos que cercam um casamento quando as coisas não estão saindo bem.

Perguntas em Resumo

- *Como seus pais e os pais do seu marido se relacionam? Por que você acha que o relacionamento funciona ou não?*
- *Descreva o relacionamento de sua mãe com a sogra dela.*
- *Sua infância/criação foi muito diferente da infância/criação do seu marido?*
- *Como você classificaria o relacionamento do seu marido com a mãe dele agora? De que maneira isso pode influenciar as situações entre sua sogra e você?*

Capítulo 3

A Família do Marido

Em parte sinto-me responsável por ajudar meu marido a sanar o seu relacionamento com a mãe e isso me faz bem, porque agora ela pode contar com ele e eu sei que ela precisa de ajuda porque está atravessando um momento difícil.

— Juanita

Há pouco tempo, infelizmente disse-lhe que se ela tivesse tido uma menina, ou a filha a teria matado ou vice-versa. Ainda não pedi desculpas.

— Joy

Minha sogra insistiu em vários momentos que a chamasse de "Mãe". Ela assina os cartões que me manda como "Mãe". Mesmo assim eu a chamo pelo primeiro nome. Parece fingimento chamá-la de "Mãe" e de algum modo parece ser desrespeito com os meus pais.

— Judith

Somos produto da família da qual viemos. Isto é um fato. Talvez sejamos diferentes dos nossos parentes, talvez sigamos os padrões familiares ou nos rebelemos contra eles, mas somos produtos da nossa família. Do mesmo modo, nossos maridos são produtos das famílias deles. Dar uma boa olhada na família do marido pode mostrar como a dinâmica familiar funciona. Também é interessante perceber que certos aspectos da vida familiar tendem a emergir com toda força quando um membro da família se casa.

Círculo Familiar

Os membros de uma família têm sua maneira própria de se relacionar, lidar com problemas e se comunicar. Quando nos unimos a outra pessoa e começamos uma nova família, naturalmente trazemos para este novo relacionamento o que aprendemos com a nossa família de origem.

Juanita, uma analista de sistemas que vive em Santa Fé, nos contou sobre a família do marido e como era diferente da sua. Ela descreveu como a dinâmica dos relacionamentos do marido com a família mudaram para melhor por causa de seus esforços. "Quando conheci meu marido, seu relacionamento com a mãe não era muito bom. Havia muita raiva dos dois lados. Acho que, de todas as crianças da família, meu marido foi o mais afetado pelo divórcio dos pais. Ele tinha apenas sete anos e era muito apegado ao pai. Depois do divórcio, a mãe se casou novamente e eles mudaram para Nova York, ficando longe de Phoenix e do pai. Minha sogra diz que de todos os filhos, meu marido é o mais parecido com ela, o que pode explicar o motivo de terem batido de frente durante a adolescência e início da vida adulta do meu marido.

"De qualquer maneira, assim que fomos morar juntos, meu marido se recusava a telefonar para a mãe, até mesmo no aniversário, o que para mim é extremamente errado porque sou muito apegada à minha mãe. Eu insistia com ele até que telefonasse para ela porque queria que as coisas entre eles fossem resolvidas. Depois de estarmos juntos há algum tempo, fizemos uma viagem de Phoenix, onde morávamos, para Washington, DC. A casa da minha sogra fica em Manhattan, há três horas de viagem, e eu convenci meu marido a ir visitá-la.

"Fiquei muito feliz ao vê-los juntos, apesar de ter sido uma das primeiras vezes em que estive com minha sogra e ainda me sentia pouco à vontade. Mas ela e Jordie (meu marido), conversaram e riram um pouco sobre o seu relacionamento, e desde então voltaram a viver bem. Na verdade, no exato momento em que escrevo isto, meu marido está em Nova York, auxiliando a mãe com algumas coisas no apartamento, agora que o padrasto não pode mais ajudá-la.

"Em parte sinto-me responsável por incentivar o meu marido a resolver o seu relacionamento com a mãe, e isso me faz bem, porque agora ela pode contar com ele e eu sei que ela precisa de apoio porque está atravessando um momento difícil. Agora, o relacionamento entre os três é bom. Nós nos respeitamos e nos preocupamos uns com os outros.

"Jordie e eu viemos de famílias de classe média, então, neste sentido, nossas bases são similares, mas há algumas diferenças que acredito terem impacto em nosso relacionamento. Meus pais são católicos praticantes e politicamente conservadores. Meu pai é espanhol. Os pais do meu marido, de sangue e do segundo casamento, são muito mais liberais. São ateus ou agnósticos e não são tão cheios de regras como os meus. Além disso, meus pais ainda estão casados, enquanto os pais do meu marido são divorciados. Acho que a família do meu marido está menos preocupada em manter as aparências e, em geral, são mais tolerantes com os diferentes estilos de vida. Para eles, não houve problema algum quando decidimos morar juntos antes do casamento, mas minha mãe não conversou comigo por três meses depois que Jordie e eu nos mudamos para a mesma casa."

Joy, a professora de música, identificou a grande diferença entre o clima emocional da família do marido e o da sua própria e como isso tinha um impacto negativo sobre os valores familiares e a educação dos filhos. Joy explica: "A criação do meu marido foi muito diferente da minha, digo pelo lado emocional e não material. Ambos fomos criados por pais inteligentes, liberais, com boa educação e consciência política. Entretanto, meus pais se separaram e minha mãe criou os três filhos sozinha. Tendo estudado psicologia infantil, ela se envolveu mais com a vida dos filhos, soube dar valor a quem eu era e quem queria ser e me deu muitas opções. Para minha mãe, era importante como eu me sentia em relação às coisas. Eu me sentia respeitada".

"Meu marido e os irmãos receberam um tratamento muito diferente. O tempo todo diziam ao meu marido o que fazer. Não havia espaço para o seu próprio ponto de vista nem para sua própria identidade. Ele simplesmente aprendeu a 'fazer a coisa certa', não importa como se sentia. Os pais dele queriam que fosse uma boa pessoa e se importavam com o que o filho fazia, mas não levavam em consideração como isso se encaixaria com sua personalidade ou com seus anseios. Não estou certa quanto ao grau de importância de termos tido criações tão diferentes, mas sei que isso apresenta um desafio. Constantemente precisamos aprender como preencher as lacunas."

Larrissa e o marido também vieram de famílias muito diferentes. Ela é a filha única de pais militantes do Peace Corps e viajavam muito quando Larrissa era pequena. O marido dela é o mais novo de oito irmãos e sempre viveu na mesma casa. Essa grande família é muito próxima e carinhosa. A família de Larrissa não é assim. Ela diz: "Meu marido ainda é o bebê da mamãe, e ela é extremamente protetora e orgulhosa do filho. Até o ano passado, sentia-me muito mal por dizer qualquer coisa que soasse negativa sobre ele enquanto ela estivesse por perto. Entretanto, depois do nascimento do nosso menino, ela parece mais disposta a criticar meu marido e ouvir minhas reclamações ocasionais sobre ele. Em geral, nós três nos damos muito bem".

Assim como Larrissa, a criação de Estelle foi muito diferente da do marido. "Sam é nove anos mais velho do que eu, tem uma irmã mais velha e a mãe teve o primeiro filho já com certa idade", diz ela. "Minha sogra, Zoe, tem oitenta e dois anos. Para ser sincera, não sei muito sobre seu passado, embora saiba que cresceu em New Haven.

"Minha mãe teve o primeiro filho aos vinte anos e teve um após o outro até seus vinte e oito anos. Mas o que é ainda mais significativo, eu acho, é a diferença na estrutura das nossas famílias. O pai de Sam foi um empresário bem-sucedido. Meus pais tiveram de batalhar muito para criar os sete filhos com os salários medíocres que os pesquisadores recebem. Minha mãe sempre teve de trabalhar. Pelo que sei, Zoe nunca trabalhou enquanto cuidou dos três filhos. Fui uma criança muito quieta que nem pensava em brigar para receber atenção, ficava na minha. Sam era o filho mais velho e os pais, especialmente a mãe, adoravam-no e ainda contam histórias de como ele se comportava aos três e quatro anos de idade.

"Eu realmente gosto da minha sogra, mas não me sinto muito próxima a ela. Ela é muito mais velha que a minha mãe, aproxima-se mais da idade de minha avó. Eu era muito apegada a uma de minhas avós, que morreu há poucos anos, então não tenho dificuldades em me relacionar com pessoas da idade de Zoe. Sempre senti que ela deseja ter um relacionamento mais íntimo comigo, mas insistiu nisso desde o começo, o que me sufocou. É preciso um tempo para que surja a amizade e a confiança, portanto eu não estava pronta para acolhê-la imediatamente. Desde o começo do meu casamento, tenho receio de me abrir demais com ela, já que é muito próxima de todos os filhos e conta 'as novidades familiares' para todos. Seus filhos chegam a brincar sobre a 'Internet da Mamãe', porque sabem que se lhe contarem algo, logo os irmãos saberão."

Reaprendendo a Lidar com a Família

Quando os novos relacionamentos são radicalmente diferentes dos tipos com os quais você está acostumada, é preciso desenvolver novas capacidades. O impulso é buscar apoio no repertório familiar, da mesma maneira que Estelle se apóia nas memórias da avó querida. Mas assim como os pais reconhecem que o relacionamento com um dos filhos pode ser muito diferente do relacionamento com um outro, cada relacionamento precisa de atenção individual. Quanto mais estranho for, mais trabalho precisa ser feito.

Estelle sabe como agir com a mãe, mas e quanto à sogra? Ela ainda está aprendendo a prestar atenção aos detalhes do relacionamento. Mas também sente que sua sogra não dá valor aos seus grandes esforços para aproximar o marido da família. "Acho que ela concordaria que temos um bom relacionamento, apesar de não ser muito amoroso. Mas, pensando bem, meu cunhado, o irmão de Sam, já havia me dito que os pais dele acreditavam que eu não gostasse deles. Fiquei magoada com isso porque mudo minha rotina diária em várias situações por causa deles. Vou buscar receitas médicas, ajudo nas tarefas domésticas, insisto para que Sam ligue para eles..."

Além do mais, embora Estelle não tenha colocado isso no topo de sua lista de problemas, ela percebeu que entrar na família de Sam como sua segunda esposa afetou seu relacionamento com a sogra. A primeira esposa de Sam nunca foi considerada parte da família, e Estelle sentiu que foi preciso superar algumas barreiras para ser aceita. "Isso não caracteriza nosso relacionamento, mas tivemos um início conturbado. Certa vez, os vizinhos dos meus sogros organizaram um almoço comunitário num feriado. Esses vizinhos se conhecem há anos e conhecem meu marido desde que era uma criança. Quando Sam e eu chegamos, a mãe dele nos cumprimentou calorosamente e disse: 'Ah, aqui estão Sam ... e Felicia'. O nome da ex-esposa de Sam é Felicia. Foi um daqueles momentos em que toda a sala fica quieta e todas as pessoas param para ouvir. Eu sorri e disse: 'Uh, eu sou a Estelle' e a coitada da minha sogra disse: 'Claro que é. Eu sei o seu nome. Era isso que eu queria dizer'. Sei que ela ficou morrendo de vergonha e tentou abrandar as coisas, mas isso mexeu um pouco com todos nós."

Nadja, que está casada há dezessete anos, tem a política de sempre olhar o lado positivo, nunca o negativo. Ela acredita que vale mais prestar atenção naquilo que está certo num relacionamento do que naquilo que está errado. Ela diz: "Minha infância e minha educação foram extremamente diferentes das do meu marido. Ele vem de um lar onde a família era muito unida. Não eram perfeitos, mas eram íntimos e carinhosos, sempre buscando ajudar uns aos outros e fazer as coisas juntos. Minha família não era assim. Sem entrar em detalhes, não éramos próximos e não passávamos muito tempo com os outros membros da família. Sempre havia um tipo de tensão entre nós, algo que claramente não existia na família do meu marido.

"Isso causou algumas dificuldades no meu casamento porque eu não acredito em perdão nem em aturar um monte de besteiras só porque a pessoa é parte da família. Isso gerou certo estresse, especialmente com minha sogra, porque ela acha que a família é a coisa mais importante do mundo e não importa o que a pessoa faça, ela ainda é parte da família e não deve ser criticada. Em geral, guardo minhas opiniões para mim mesma porque a maioria dos familiares dele são pessoas muito legais e me dou bem com todos."

As Guardiãs da Família

A maioria das pessoas é favorável em relação àquilo que já sabem. Sempre é mais fácil repetir os padrões em vez de modificá-los ou criar novos. Observamos que muitas mulheres querem que as regras da sua família suplantem as regras da família do marido. Às vezes essa é a melhor escolha, mas outras é apenas um reflexo. Como em geral as mulheres são as "guardiãs da família", isto é, aquelas que preservam e dão seqüência às tradições familiares, esse papel pode gerar estresse quando suas tradições entram em conflito com aquelas dos sogros.

O papel de guardiã da família também pode causar problemas com um marido que carrega um conjunto diferente de tradições para o casamento. É mais provável que a nora se sinta melhor no casamento se o marido adotar os costumes e as tradições da família dela e rejeitar os seus? Noras diferentes têm respostas diferentes para essa pergunta.

Ellen acreditava que o seu relacionamento com a sogra era bom. Ela recorda que depois do noivado com Philip foi recebida com os braços abertos. "Todos ficaram entusiasmados", diz: "Consideraram-se uma família de sorte. Eu tinha feito faculdade e me encaminhava para a carreira educacional. Não estava grávida e era judia. Era tudo o que sempre quiseram".

Mas Ellen foi criada numa família muito carinhosa e comunicativa. Ela achou os costumes dos sogros estranhos e desagradáveis. Por exemplo, sua sogra recebia uma mesada do marido para cuidar da casa, enquanto na família de Ellen, os pais tinham uma conta conjunta no banco. Ellen e o marido acabaram criando sua própria família de maneira a refletir muito mais os valores familiares dela. O que Ellen viu como um sistema de valores inteiramente diferente entre sua família e a do marido fez com que sua relação com os sogros ficasse cada vez mais difícil. A intromissão deles em sua vida começou a incomodá-la. "Meus pais trabalhavam juntos, faziam compras juntos, tinham uma conta conjunta no banco, saíam para se divertir, sempre tiveram animais de estimação e cuidavam das flores, dos passarinhos e de um peixe tropical além de seus filhos. Meu marido nunca teve nenhum tipo de animal de estimação. O pai dele passava muito tempo no jóquei clube e, apesar de ser advogado, nunca deu muita segurança financeira à família." Tal comportamento era um choque para Ellen, que se colocava totalmente contra ao descrever seus pais como pessoas que trabalhavam duro desde o nascer do Sol até a meia-noite. Suas principais prioridades eram fornecer o sustento à família e garantir que as necessidades de seus filhos fossem supridas antes que as suas.

Ellen explica: "Eles agiam como se fossem uma coisa só e dividiam tudo sem questionamento. Embora meu marido nunca tenha sentido nenhuma perda com isso e sempre fala das férias maravilhosas que a família passava em Miami durante o inverno, eu sei que o dinheiro das férias vinha do aluguel do mês seguinte. É um exemplo da bondade do meu marido e de seu amor pelos pais saber que ele via aquilo como algo romântico em vez de irresponsabilidade", aponta Ellen. "Eu, por outro lado, tive pais que trabalhavam muito. Depois de anos trabalhando como chapeleiros, meus pais finalmente encontraram sucesso na indústria de manufatura através de investimentos e empreendimentos. A segurança financeira era muito importante e eles atingiram esse objetivo".

No começo do casamento, Philip trabalhou para os pais de Ellen, ajudando no novo negócio. Ela acredita que foi esse contato íntimo com os pais dela que tenha causado grande impacto no sistema de valores de Philip e na maneira de como ele cresceu como marido e pai. Ellen diz: "O bom é que meu marido ficou mais parecido com a minha família do que com a dele. Ele é um dos pais e maridos mais generosos, devotados e atenciosos que já conheci. A dinâmica da nossa família reflete minha criação muito mais do que a dele".

O marido de Nancy também ficou mais próximo dos pais da esposa, e ela também acredita que seu marido se tornou mais parte da família dela do que ela parte da família dele. Sua sogra é quase um membro ausente da família. Nancy comenta que a sogra não "exerce seu papel de avó" e prefere envolver-se menos. "Parece que todos conversamos, rimos e nos divertimos juntos, mas minha sogra geralmente diz que está ocupada demais para fazer uma visita: 'Eu tenho de limpar a casa; está tudo uma bagunça', ou 'Preciso trocar as cortinas', e assim por diante. Ela nunca deixa de lado o que está fazendo para ficar conosco. Geralmente está ocupada demais ou não se sente bem para participar dessas ocasiões".

Homens Sem Irmãs

Descobrimos que homens casados que não têm irmãs costumam ter mães que se encaixam nas duas categorias. Ou suas mães querem ou realmente consideram as noras como filhas, ou ficam meio sem função no novo relacionamento. Em seu estudo de 1975, as entrevistas de Arnstein com especialistas da área apontaram para a tendência de mulheres sem filhas sentirem dificuldade no papel de sogra.

Ainda que tais mulheres estejam ansiosas para abraçar sua "nova filha", ou caso se sintam mais estranhas quanto à integração e a adaptação à presença de outra mulher no círculo familiar, elas tendem a pressionar as noras. Por outro lado, quando a dinâmica entre as duas mulheres funciona, um vínculo muito especial pode ser desenvolvido entre a sogra e a filha que ela nunca teve, sem ciúmes nem estranhezas que podem estar presentes quando a sogra já tem filhas de sangue.

"Acho que um dos detalhes mais importantes da nossa dinâmica é que minha sogra nunca se sentiu totalmente satisfeita por ser a única mulher da família", diz Judith. "Quando meu marido e eu vamos jantar na casa dela, parece que ninguém dá ouvidos a ela, nem meu marido nem o pai dele. Ela diz: 'Aconteceu algo interessante no trabalho hoje', e meu sogro a interrompe dizendo algo como: 'Você foi trocar os limpadores de pára-brisa?' Agora que ela tem uma 'filha' por perto, a dinâmica é um pouco diferente. Como toda mulher, sou uma boa ouvinte, então dou continuidade à conversa, o que não acontecia antes. Agora, ela tem alguém com quem fazer compras e comentar os catálogos de roupas."

Judith considera seu papel de 'filha instantânea' difícil, às vezes, mas durante seus dois anos de casada, percebeu uma mudança em sua atitude. Observou que a sogra é inexperiente quanto a ter uma figura filial por perto, tanto quanto ela é inexperiente quanto a ser uma sogra, isso fez toda a diferença. Ela percebe uma relação carinhosa em progresso com a sogra. "Aprendi um pouco mais sobre ela a cada passo. Nem tudo que descobri é bom, mas compreendê-la facilita tudo."

"Achei-a muito dominadora durante o planejamento do casamento. Senti-me frustrada muitas vezes e sei que o mesmo aconteceu com ela. Ela adoraria ter comprado o vestido de noiva comigo, mas para mim não foi natural incluí-la no evento. Sei que, de muitas formas, sou a filha que ela nunca teve e essa foi sua chance de participar das coisas que acontecem entre mãe e filha. Senti-me mal, mas tinha de fazer o que era certo para mim. Muitas coisas se ajeitaram desde então e estamos numa postura muito mais equilibrada".

Ninguém é perfeito e Nel tem consciência disso. Adorar a sogra não significa que tudo é perfeito todos os dias e também não significa que ela concorde com tudo o que a sogra faz. "Uma falha que encontro na minha sogra é que ela não encorajou a independência dos filhos. Ela é muito capacitada e fez tudo por eles". Isso ensinou a Nel a facilitar a independência de seus filhos. Ela sente que aprendeu lições valiosas com a sogra, especialmente o que deve ser imitado e o que deve ser evitado. Ela e a sogra vivem um relacionamento tranqüilo e compatível que as satisfaz. Nel sabe que tem um lugar especial no coração da sogra, sabe que é a filha que a sogra nunca teve e sente-se como uma filha "verdadeira" desde o começo da relação.

Arnstein (1985) também aponta que as sogras sem filhas próprias tendem a pressionar as noras sem razão. Contudo, a maioria das mulheres entrevistadas que se casaram com homens sem irmãs sentiram que foram aceitas mais rapidamente do que as noras que tiveram de competir com as filhas "verdadeiras".

"Meu marido não tem irmãs e minha sogra me trata como se eu fosse a filha que ela nunca teve", diz Jessica. "Acho que as sogras que não têm filhas de sangue gostam da chance de ter um relacionamento mãe/filha com as noras. Elas nos dão mais valor." Jan, cujo o marido também não tem irmãs, encontrou uma intimidade especial com a sogra. "Queria que fôssemos mais jovens para que tivéssemos mais tempo para curtir os anos à nossa frente", diz ela.

Talvez do ponto de vista de algumas sogras, ter uma filha as transforma em "especialistas", enquanto, do ponto de vista de algumas noras, ser uma "especialista" não é garantia de um bom relacionamento.

Doris, que é advogada e escritora, também se casou com um homem que não tem irmãs. Apesar de suas várias conquistas profissionais evidentes, a sogra de Doris acreditava que tinha sido um "golpe do baú" porque ela vinha de uma classe social inferior à família do marido. A sogra de Doris vinha do que chamava de "uma camada social muito diferente". Ficou claro que as dificuldades nesse relacionamento não se deviam simplesmente ao fato de a sogra de Doris não ter experiência com uma filha dela. Doris, que classifica sua relação com a sogra como boa e ruim ao mesmo tempo, sempre sentiu que a sogra menosprezava sua família de origem. Quando a sogra convida a família de Doris para visitá-la, espera que ela sirva a comida, lave a louça e cuide de outros afazeres domésticos. Freqüentemente, quando Doris a visita sem o marido, ela come na cozinha com as crianças enquanto seus sogros ficam na sala de jantar. "Era tão estranho que eu não sabia como falar disso com meu marido", disse ela.

Apesar disso, a sogra esteve ao seu lado durante uma gravidez muito difícil e tenta ser prestativa de várias maneiras. Doris, cujo o relacionamento com a sogra foi problemático desde o começo, deixa claro que mesmo nesse cenário difícil, existem coisas boas que devem ser notadas. "Minha sogra realmente não sabe o que significa ser calorosa, mas isso não quer dizer que seja uma pessoa ruim. Ela também foi uma mãe estranha e certamente teve dificuldades para se relacionar comigo como uma filha. Acho que a presença dos meus filhos forçou-a a mostrar seu pior lado, ela tenta controlar a mim e aos netos num nível além da possibilidade humana. E apesar disso parecer horrível, e às vezes realmente ser assim, seu coração tem boas intenções. Não duvido de seu amor pelos meus filhos e quero que eles participem dessa afeição. Caso fosse necessário, estou certa de que minha sogra cuidaria deles, faria qualquer coisa por eles. Eles sabem que são o tesouro da vovó muito embora suas críticas sejam difíceis de aturar."

Joy tem a impressão de que a sogra está feliz por nunca ter tido filhas, apesar de as razões não estarem baseadas em algum desgosto causado por mulheres. "Certa vez minha sogra me disse que estava feliz por não ter tido meninas. Ela tem cinco meninos. Estávamos fazendo compras, comprando roupas para mim nesse dia. Ela gosta de sair comigo, mas fica irritada quando sou franca demais. Acho que ela ficou irritada por eu estar sendo honesta demais sobre aquilo que gosto e aquilo que não gosto. Assim que cheguei em casa, telefonei e disse que ela tinha me magoado, então ela me pediu desculpas. Há pouco tempo, infelizmente disse-lhe que se ela tivesse tido uma menina, ou a filha a teria matado ou vice-versa. Ainda não pedi desculpas."

Pode me Chamar de "Mãe"

O que há num nome? Talvez mais do que se acredita. Uma sogra que deseja ser chamada de "Mãe" pela nora está declarando algo diferente do que a sogra que insiste em ser chamada de "Senhora _____". Talvez "Mãe" não seja o termo adequado, pode soar estranho para uma nora, especialmente no começo do casamento. Judith declara: "Minha sogra insistiu em vários momentos que a chamasse de 'Mãe'. Ela assina os cartões que me envia como 'Mãe'. Mesmo assim eu a chamo pelo primeiro nome. Parece fingimento chamá-la de 'Mãe' e de algum modo parece ser desrespeito com os meus pais".

Estelle cuidou desse dilema para satisfazer aquilo que achava mais correto. "Geralmente evito chamá-la de qualquer coisa. Quando meu marido e eu ficamos noivos, ela perguntou se eu gostaria de chamá-la de 'Mãe'. Na época não me pareceu adequado e acho que ainda acho isso. Um de seus genros, que está casado com sua filha há vinte e cinco anos, ainda a chama de 'Sra. Sanderson'. Eu me refiro a ela como Mamãe Sanderson. Acho que chamá-la de senhora só aumentaria a distância entre nós. Além do mais, também sou a Sra. Sanderson, não é mesmo?"

Contudo, usar a palavra "Mãe" também pode ser acolhedor e ajudar no desenvolvimento de uma maior intimidade. June diz: "A princípio, achei estranho e fiquei um pouco abalada por chamar minha sogra de "Mãe", afinal, já tenho uma. Eu ria muito quando tentava chamá-la assim. Esperava chamá-la pelo primeiro nome e fiquei sem graça quando ela me respondeu que preferia ser chamada de "Mãe". Eu fiz a pergunta, então tive de aceitar a resposta. Faz pouco tempo, mas aprendi gradualmente a gostar do termo. Ela é uma mulher maravilhosa, sempre pronta a ajudar. Agora a palavra "Mãe" representa a essência do carinho e dos cuidados maternais, e chamá-la de "Mãe" também apressou nossa intimidade. Um nome tem poder por si só e moldou minha convivência com ela. Olhando para trás, acho que estava propensa a chamá-la pelo primeiro nome porque não estava pronta para uma integração, não apenas com ela mas também com toda a família. Aprendi uma lição valiosa".

"Eu chamo minha sogra de 'Mãe', explica Rivkah, professora primária de Baltimore, "mas isso não significa que a considere como minha mãe. Na verdade, nosso relacionamento tem seus desafios. Eu tinha algumas expectativas quando me casei e claro que queria gostar dela e que ela gostasse de mim. Ela foi carinhosa e acolhedora e as coisas se saíram muito bem, ainda mais pelo fato de a minha família demonstrar muito menos seus sentimentos."

Em culturas diferentes existem normas diferentes. Entre as famílias, as tradições podem ditar formas de tratamento diferentes. Pode ser difícil encaixar-se em algumas tradições familiares, pode ser difícil saber o que é certo e o que certamente representa um desafio.

Está Bom para Você?

A prova de um bom relacionamento deveria ser a quantidade de alegria gerada por ele. "Bom" não significa "fácil" e certamente não significa ausência de conflitos. Manter uma relação saudável requer várias habilidades, incluindo a capacidade de discordar com sucesso. Além disso, "bom" não significa que as questões sempre influirão suavemente e que a vida será fácil. Em geral, a vida não é suave nem fácil, então não se pode esperar que até mesmo os melhores relacionamentos sejam perfeitos o tempo todo.

Seria injusto elevar o relacionamento sogra/nora a um patamar maior do que o possível de se alcançar. Isso só levaria à decepção e acabaria com qualquer chance de chegar a um bom relacionamento, já que tudo o que não fosse perfeito seria considerado um fracasso. Por outro lado, estar conectado a alguém imperfeito pode ser um desafio tremendo. Talvez seja necessário suportar e superar grandes decepções, e a capacidade de seguir em frente apesar dos desapontamentos pode ser bastante difícil.

Algumas noras podem ter relacionamentos maravilhosos com as sogras desde o primeiro dia. Isso não significa que não haverá discórdias que precisarão ser resolvidas mais à frente. Quanto mais complexa e íntima se tornar a relação, maior será a probabilidade de enfrentar desavenças. É muito trabalhoso encontrar uma maneira para que o relacionamento funcione com sucesso com alguém que não foi escolhida para ser sua amiga, mas que agora tem uma conexão íntima com você. Está claro, a julgar pelas palavras das várias noras neste capítulo, que aquilo que é definido como "bom" por uma pessoa pode ser inaceitável para outra. Em sua grande maioria, a característica que define esses "bons relacionamentos" é a vivência de uma reciprocidade entre as duas mulheres. Uma certa dose de apoio também está envolvida, seja num momento de crise ou por meio de gestos de acolhimento e apoio. A concepção de um "bom relacionamento" é questionada quando existem dificuldades inerentes entre os dois lados; mesmo assim o relacionamento não é "ruim" por não ser perfeito.

Será que podemos dizer que é possível ter um bom relacionamento com alguém que não gostamos? É possível ter um relacionamento funcional com alguém perturbado? Talvez digamos que é possível ter um bom relacionamento com alguém que não gostamos, contanto que haja algo na pessoa que desperte nossa apreciação. Se não houver nada agradável, todo o tato e cortesia do mundo não produzirão um bom resultado.

Além de compartilhar a sensação de reciprocidade, outra característica que define uma boa relação é a capacidade de dar valor aos objetivos do outro e reconhecer a importância da auto-afirmação e da concessão. As noras mais otimistas quanto aos seus relacionamentos sentiam que podiam falar sobre as suas necessidades ou os seus desejos que diferem das idéias das sogras. Essas noras também sentiam confiança de que os limites pessoais seriam respeitados. Ademais, essas noras também se adaptaram às diferenças e não esperaram que tudo partisse de um só dos lados.

Para Onde Vamos a Partir Daqui?

1. *Preste atenção às particularidades.* Aprendemos com a diversidade. Aceite que as pessoas tragam sua individualidade para os relacionamentos.

2. *Receba os créditos pelas coisas que funcionam.* As mulheres tendem a atribuir os relacionamentos bem-sucedidos como "pura sorte", e quando os relacionamentos são ruins, sentem-se "culpadas" ou internalizam tal culpa.

3. *Valorize aquilo que deve ser valorizado.* Preste atenção às qualidades. Esteja atenta aos pontos fortes e aos pontos fracos.

4. *Ao estabelecer limites, faça-o gentilmente.* Se a presença da sua sogra a incomoda, ou você sente que ela exige muito do seu tempo, seja gentil ao tratar desse assunto com ela.

5. *Seja sensível com sua própria mãe.* Tenha em mente que se seu relacionamento com sua mãe já é difícil, dar a impressão de que ela será substituída pode ser muito doloroso. Tente não comparar sua relação mãe/filha com seu novo relacionamento, possivelmente mais positivo, com sua sogra.

6. *Não seja complacente.* Até mesmo uma planta sadia precisa ser podada e regada. Os relacionamentos que desabrocham exigem atenção e cuidados.

Perguntas em Resumo

- *Como você chama sua sogra? Por que essa escolha foi feita? Como você se sente em relação a isso?*
- *Qual foi a primeira impressão que você teve de sua sogra?*
- *Seu relacionamento mudou durante períodos diferentes (antes do casamento, antes dos filhos etc.)?*
- *Se você respondeu "sim" para a questão anterior, a que você atribui essa mudança?*

Parte II: O Relacionamento Ruim

Mas quando ela era ruim...

Capítulo 4

Ruim Mesmo

Deu para perceber, mesmo na primeira visita que ela tinha muito orgulho de sua casa. A casa é muito bonita, cheia de objetos legais que ela limpa com freqüência. Também pude ver que tinha uma personalidade muito forte, confiante e decidida. Ela nunca hesita e acha que sabe tudo.

— Sharon

Certa vez ela me disse que meu filho mais velho (dois anos) tinha medo de mim ... Ele nunca teve! Ela baseou seu comentário no fato de que quando eu o chamava, ele corria para ela imediatamente.

— Sophia

"Ruim", assim como "bom", é um termo vago porque pode significar coisas muito diferentes para pessoas diferentes. Entretanto, também pode servir como um ponto de partida ou uma indicação que nos permite ver muitos tipos diferentes de situações "não boas" a partir do ponto de vista da nora. Algumas pessoas dizem que é possível saber quando tudo está certo; e quando é preciso questionar se as coisas estão bem ou não, então é possível que exista um problema real.

Geralmente, temos sentimentos positivos quando o relacionamento está dando certo. Usamos palavras como "fácil" ou "agradável" para descrever tais emoções, assim como usamos palavras como "difícil" e "incômodo" para descrever o relacionamento que parece não funcionar como o esperado. Num relacionamento tão delicado e potencialmente pesado como aquele entre sogra e nora, as palavras "incômodo" e "difícil" aparecem com freqüência nas conversas com as noras.

É Tão Ruim Assim?

Para classificar um relacionamento como "ruim", é preciso vivenciar um nível de desconforto excessivo. Atribui-se ao mau relacionamento uma certa dose de pessimismo. Caso contrário, o termo "bom" ainda pode ser a generalização empregada por ainda existir a esperança de que as dificuldades possam ser superadas. Freqüentemente, a diferença entre bom e ruim está na percepção da nora e de como ela lida com o relacionamento.

Assim como na Parte I, a Parte II lida primeiramente com o que a nora considera como um relacionamento ruim, não havendo nenhuma tentativa de criar um conjunto de classificações objetivas que definiria ou quantificaria um relacionamento ruim com a sogra. Do mesmo modo, logo ficará claro que aquilo que é visto por uma nora como ruim pode muito bem ser o panorama ideal para outra nora.

Em sua pesquisa de 1999 sobre o relacionamento sogra/nora, Apter cita uma nora que ficou furiosa com a sogra que a visitava para preparar o café da manhã da família, pregar os botões das roupas dos netos e lavar e passar as roupas da família. Essa nora sentia que com tal atitude, a sogra estava deixando claro que a considerava incapaz de cuidar de suas obrigações como mãe e esposa. Armadas exclusivamente com essas reclamações, encontramos muitas noras que adorariam ter esta mulher como sogra. Entretanto, como nenhuma dessas pretendentes é a verdadeira nora dessa mulher, talvez haja algo a mais que elas não saibam. Talvez essas tarefas domésticas eram realizadas com uma postura de agressão passiva, ou outros sinais de desaprovação foram percebidos. Mais uma vez, é possível que as atitudes dessa sogra simplesmente tenham sido mal interpretadas. Apter declara que a sensibilidade elevada dessa nora em relação à sua sogra é similar às reações de uma adolescente com sua mãe. Nesse estágio, as filhas consideram que a mãe não faz nada direito e sempre se colocam na defensiva.

Lucy Rose Fischer, em sua pesquisa de 1983, observou que a intimidade entre mãe e filha abre espaço para o comportamento negativo além das críticas e do confronto que resultam de tal comportamento. Contudo, na maioria dos relacionamento sogra/nora, não existe esse tipo de espaço para o conflito. Certamente, o amor incondicional que se encontra na relação mãe e filha não existe como regra, na relação sogra/nora. Fisher também disse que devido a essa intimidade, a mesma ação realizada pela sogra ou pela mãe pode ser vista de maneira totalmente diferente; por exemplo, algo como limpar a cozinha. Talvez a mãe seja interpretada como carinhosa e prestativa enquanto a sogra pode ser vista como intrusiva ou invasiva. Essa sensação de ter a vida invadida pode levar ao ressentimento e a distância entre sogra/nora pode se tornar ainda maior.

Sharon, com certa relutância, classificou seu relacionamento com a sogra como "ruim", mas fazendo uma ressalva de que esse "ruim" é leve. Devido ao seu trabalho como administradora de uma clínica psiquiátrica há sete anos, ela teve contato com muitas outras mulheres que sentem dificuldades em seus relacionamentos familiares e viu como as diferenças no estilo de vida podem criar problemas nas relações com os sogros. Considerando sua situação, Sharon sente que as diferenças entre a sogra e ela são enormes. Entretanto, também percebe que há aspectos positivos na personalidade da sogra.

"A primeira coisa que reparei é que ela tinha muita energia!", explica Sharon, "é uma mulher baixinha e magra que não pára quieta um só minuto. Quando a visitei pela primeira vez, ela estava limpando o carpete, não com um aspirador de pó, mas com uma daquelas vassouras mágicas que pegam os fiapos do chão com escovas giratórias. Mais parecia um exercício de aeróbica porque ela estava literalmente correndo pela sala com a vassoura. Deu para perceber, mesmo na primeira visita que ela tinha muito orgulho de sua casa. A casa é muito bonita, cheia de objetos legais que ela limpa com freqüência. Também pude ver que ela tinha uma personalidade muito forte, confiante e decidida. Ela nunca hesita e acha que sabe tudo".

Mas Temos Tanto em Comum

Freqüentemente, um relacionamento pode ter um começo promissor e então encher-se de problemas. Existem muitos fatores que contribuem para a deterioração de um relacionamento. Mesmo quando a sogra e a nora têm muitas coisas em comum, ainda existe o potencial para um conflito sério. Tipicamente, encontrar uma base comum na educação, religião ou opções de vida pode ajudar a criar um ambiente harmônico e, por outro lado, a falta de experiências comuns pode estimular a desarmonia.

Quando uma nora traz para o casamento tradições que confrontam com aquelas da educação da sogra (e portanto do marido), a tensão pode ser muito grande. Essas dificuldades podem ficar ainda mais intensas com a chegada dos filhos. Embora o nascimento dos netos tenda a reduzir o estresse entre mãe e filha, em geral, os netos aumentam o estresse entre a sogra e a nora (Arnstein 1985; Fisher 1983).

Por exemplo, talvez a sogra considere o ato de dar palmadas como uma forma aceitável de disciplina enquanto a nora considera completamente inaceitável ou vice-versa. Talvez a sogra veja determinadas ações da nora como prejudiciais ao crescimento e ao desenvolvimento dos netos, mas se expressar sua opinião, ela corre o risco de ser rejeitada e de aumentar a distância entre elas. Tal distanciamento pode ameaçar não apenas o seu relacionamento com a nora, mas também o seu relacionamento com os netos e, por fim, com o filho. Se a sogra seguir com seus julgamentos negativos e não der valor às escolhas que a nora faz como mãe, existe uma grande probabilidade de pôr em risco os vínculos familiares.

Claro que nem todas as questões representam um perigo tão grande e estar aberta às boas sugestões vindas de uma mulher mais experiente pode ser muito útil. As novas idéias podem ser enriquecedoras; no entanto, a natureza altamente explosiva desse relacionamento pode tornar-se perigosa se o desejo da sogra de ser aceita for intenso.

Geralmente, as escolhas que a nora faz como mãe refletem sua própria educação. Quer sejam escolhas similares às dos pais, quer sejam opostas (ex.: talvez tenha apanhado demais e não acredite na punição física), ela está ciente do comportamento dos pais e possivelmente se sente mais à vontade para questionar as opiniões deles do que as dos sogros.

Sophia é uma assistente social. Ela refletiu que: "As coisas iam muito bem antes do casamento, e como somos italianas e católicas, achei que tudo daria certo. Mas pensamos de maneira muito diferente. Depois que as crianças vieram, as coisas ficaram ainda piores. Certa vez ela me disse que meu filho mais velho (dois anos) tinha medo de mim ... Ele nunca teve! Ela baseou seu comentário no fato de que quando eu o chamava, ele corria para ela imediatamente". Comentários dessa natureza colocam Sophia no limite e fazem com que a simples presença da sogra em sua casa a incomode. É impossível ignorar esses comentários que machucam e a deixam nervosa e ofendida.

Quando as Coisas Não Vão Bem

Jess teve um bom relacionamento com a sogra durante muitos anos. Ela disse: "Durante os primeiros dezenove anos de casada, meu relacionamento com minha sogra foi, em geral, harmonioso". Somente quando Jess e o marido começaram sua família é que as coisas se tornaram difíceis. Ter filhos mudou significativamente sua relação com a sogra, uma mudança para pior.

Jess diz: "Desde que tive filhos, o meu relacionamento com ela atravessou períodos realmente difíceis. Os momentos mais conturbados coincidiram com as épocas em que não foi possível adaptar meus horários aos dela. Jess foi rápida ao perceber que a inflexibilidade da sogra não é uma constante. Contudo, sempre coube a Jess fazer a maior parte dos ajustes necessários.

"Conforme nossos filhos cresceram e as exigências profissionais do meu marido se intensificaram, o único momento que tínhamos para ficar juntos como uma família eram as tardes de sábado e domingo. Minha sogra nunca se deu conta do pouco tempo que tínhamos para compartilhar e sempre esperou que nós fôssemos procurá-la."

Sharon, por outro lado, nunca sentiu que o relacionamento com a sogra fosse bom. Porém, antes do casamento ela tinha esperanças de conseguir um relacionamento positivo. "Antes de nos casarmos, eu tinha a idéia romântica de que aprenderia a ser amiga dela", lamenta. "Ela me ensinaria a fazer os pratos favoritos do meu marido e me contaria histórias de quando ele era criança. Achei que pouco a pouco ela perceberia que eu era uma pessoa boa e passaria a ser carinhosa e gentil. Mas não sou cega e sei o que ela pensa ao meu respeito. Sei que não sou o tipo de pessoa que ela teria escolhido para o filho. Ela acredita que sou emotiva demais, difícil, impossível de entender e que estou sempre na defensiva. Tenho certeza de que ela me considera um lixo."

Sharon descreveu um evento crítico que marcou seu relacionamento doloroso com a sogra. "Cerca de cinco dias antes do nosso casamento, estávamos no *shopping* fazendo compras com toda a família dele e com a minha mãe. Eu estava usando um vestido folgado e a mãe dele disse que tinha gostado. Aquilo foi legal ... por um instante fiquei muito feliz.

"Então ela continuou o comentário dizendo que eu deveria usar vestido sempre e não calças (que uso a maior parte do tempo) porque meu bumbum é muito grande. Peraí! Não que isso não seja verdade, estou acima do peso e tenho bastante gordura no bumbum e nas coxas, mas aquilo não era algo que eu queria ouvir naquele momento (nem nunca). Chorei muito e fiquei muito triste. Durante o resto da semana, mal pude saborear as comidas da minha mãe porque sentia como se minha futura sogra estivesse observando cada migalha que eu comesse, estava me sentindo muito gorda e infeliz num momento em que deveria estar dando pulos de alegria. Quando meu marido ficou sabendo o que aconteceu, ficou do meu lado e disse para a mãe dele que ela tinha me magoado. Ela caiu para trás ... afinal só estava dizendo a verdade e acreditou que seria um conselho valioso. Ela não conseguia entender por que eu tinha ficado tão sensibilizada."

Como gato escaldado tem medo de água fria, Sharon está presa numa postura defensiva sempre esperando o pior da sogra. Essa tensão impossibilita que as coisas melhorem. Quando um relacionamento é difícil, ele pode entrar numa espiral decrescente conforme as perspectivas se tornam negativas. Expectativas negativas podem se transformar em profecias que se tornam realidades, e Sharon está ciente desse dilema. "Eu queria não me importar tanto com o que ela pensa ao meu respeito", confessa. "Sei que estou na defensiva, porque vivo esperando que ela diga algo sobre meu peso, ou como me visto, ou meus hábitos pessoais, ou minha maneira de cuidar da casa. Se eu pudesse mudar o nosso relacionamento, queria que ela observasse além das aparências e enxergasse as coisas que o meu marido vê em mim ... que sou divertida e inteligente, que tenho um bom coração e que amo muito o filho dela."

Perguntas em Resumo

- *Se você tivesse três palavras para descrever sua sogra, quais seriam?*
- *Se você tivesse três palavras para descrever sua mãe, quais seriam?*
- *O que você considera como o melhor aspecto do seu relacionamento com a sua sogra?*
- *O que você considera como o pior aspecto?*

Capítulo 5

A Distância

Temos personalidades muito fortes, mas temos estilos muito diferentes e isso nos irrita mutuamente. Às vezes ela me magoa tanto que realmente passo a odiá-la.

— Sharon

No fundo do meu coração eu sei que ela se sente mortificada por seus netos não estarem sendo criados por uma mãe de sangue azul. Ela faz tudo o que pode para garantir que eu os eduque "corretamente". Muitas vezes sinto que, para a família dele, minha maternidade é apenas um aluguel de útero, já que eles têm os direitos de propriedade sobre os meus filhos.

— Doris

Depois do casamento, pelo menos ganhamos o direito de dormir no mesmo quarto quando fazemos visitas. Quando minha filha nasceu, houve mais assunto para conversar. Nossa filha se tornou um ponto de interesse comum. O bebê facilitou nosso tempo juntas.

— Hope

Freqüentemente, existe tanta diferença social, cultural e de geração que parece não haver nenhuma base comum onde se apoiar. As noras e as sogras chegam a sentir que nunca serão capazes de ter um relacionamento bem-sucedido por causa dessas disparidades. Quando tais diferenças não são respeitadas, ou se tornam fonte de ataque, os dois lados podem se sentir extremamente magoados. É muito fácil interpretar mal as ações da sogra quando não se conhece os motivos por trás de tal atitude. Quando uma situação estranha é ignorada, o ressentimento pode crescer. Dessa maneira, a atitude negativa pode se tornar a regra e o relacionamento como um todo tende a piorar. O abismo pode ficar ainda maior tornando a situação insuportável para todos.

A Distância Continental e Outros Abismos

A distância pode ser física ou simbólica, mas ambas constituem uma separação. A separação física devido ao fato de as duas pessoas viverem em continentes separados apresenta desafios óbvios. As barreiras para o relacionamento podem incluir a língua, o estilo de vida, os costumes e a história cultural. Por exemplo, a sogra de Sharon vive na Alemanha e boa parte das preocupações de Sharon refletem essa distância.

"A verdade é que geralmente vemos a mãe do meu marido só uma vez por ano", disse Sharon. "O problema é que quando nos visita, ela fica por um período de duas a três semanas. Algumas vezes foram duas visitas ao ano. Raramente nos falamos pelo telefone. Conseguimos nos comunicar frente a frente, mas é difícil superar meu pouco conhecimento de alemão pelo telefone."

A distância entre Sharon e a sogra não é apenas física. "Apesar de não sermos abertamente hostis uma com a outra, está claro que existe uma tensão entre nós", disse ela. "Temos personalidades muito fortes, mas temos estilos muito diferentes e isso nos irrita mutuamente. Às vezes ela me magoa tanto que realmente passo a odiá-la. Acho que ela se preocupa demais com sua aparência para o resto do mundo. A única coisa que temos em comum é o meu marido, o filho dela.

"Outro exemplo dessa tensão", acrescentou Sharon, "é quando visitamos meus sogros; ficamos no andar de cima, no antigo quarto do meu marido. Basicamente, temos uma suíte com três quartos e um banheiro. Em geral, sou aquele tipo de pessoa bagunceira; não faço sujeira, entenda, apenas bagunça. Deixo sapatos espalhados pelo chão e não me incomodo de deixar as roupas limpas empilhadas no sofá durante dois dias antes de guardá-las. Sei que minha sogra é *muito* organizada, aquele tipo de pessoa que guarda tudo imediatamente, então sempre tento manter sua casa em ordem. Tiro os sapatos na porta quando chego e carrego-os para o nosso quarto, tento não deixar as coisas espalhadas por aí, penduro minhas roupas no armário e não deixo meus itens de toalete no banheiro. Mas mesmo assim, ela entra no nosso quarto para limpar, organizar nossas roupas, arrumar a cama, guardar tudo. Credo, isso me deixa louca. Sei que somos convidados na casa dela, mas será que ela não podia pelo menos deixar *um* quarto como *nosso* enquanto estivermos lá?"

"Ademais, nossas famílias são muito diferentes. Meu pai é professor de faculdade e minha mãe fez faculdade de direito à noite, recebeu o diploma e ajudou meu pai enquanto ele fazia seu doutorado. Então nascemos minha irmã gêmea e eu e ela ficou em casa para cuidar de nós. Não éramos ricos, mas também não éramos pobres. Os pais do meu marido abandonaram a escola para começar a trabalhar quando eram adolescentes, para ajudar no orçamento familiar. A vida na Alemanha foi muito difícil depois da guerra. Eles se casaram jovens e meu marido nasceu quase imediatamente depois. Acho que os anos de miséria só acabaram na época em que o meu marido começou o colegial e agora eles estão bem de vida.

"Finalmente percebi que minha sogra e eu *tínhamos* de estar na vida uma da outra. Então agora, quando a vejo, esforço-me *muito* para ser agradável. Não quero dizer que ela não me incomoda mais, me esforço muito para controlar o meu temperamento para não fazer o meu marido sofrer. Também tive uma longa conversa com uma das amigas do meu marido na Alemanha e ela me disse algo que fez com que eu quisesse me esforçar mais para ser gentil e abaixar a guarda com relação aos hábitos da minha sogra. Essa amiga disse que, no nosso casamento, ela pôde perceber que minha sogra estava muito triste pelo fato de o filho se casar e preferir viver tão longe de casa. Ele é filho único e vive tão distante que provavelmente ela só terá chance de vê-lo uma vez por ano pelo resto da vida. Para alguém que vive a apenas dez minutos do resto da família, dá para entender como isso é difícil. Essa percepção fez com que eu adquirisse certa empatia por ela, muito mais do que já tinha sentido antes", conclui Sharon, enfaticamente.

As diferenças culturais também têm um papel importante na difícil relação de Sophia com a sogra. Elas são italianas, mas foram educadas de maneira muito diferente. As diferentes práticas na educação dos filhos não causam conflitos inerentes, assim como práticas similares não geram uma harmonia inerente. Entretanto, estilos de vida conflitantes podem exigir negociação e ajuste, algo que a familiaridade na educação e nas escolhas da vida podem não exigir. As diferenças fundamentais realmente tornam necessário um certo grau de ajuste e compreensão. Sophia foi criada numa família italiana moderna nos Estados Unidos, sua sogra veio do "velho país" com os fortes costumes de lá. Sophia desejava uma maior proximidade com a sogra, mas acabou por perceber que isso não era possível porque, para a sogra, a discussão de certas questões íntimas era inaceitável.

Esfriando a Relação

Dana também se sentiu desprezada pela sogra. Ela sempre acreditou que a distância entre elas se devia às diferenças religiosas. Além de seguir a igreja episcopal, ela foi criada numa família mais aberta e liberal do que a do marido. Sua sogra é testemunha de jeová, o que Dana considera uma teologia altamente restritiva. Dana descreve o seu relacionamento como, "Carinhoso porque a amo por ser a mãe do meu marido. Distante porque ela não participou do batismo da minha primeira filha por dizer que não se sentia à vontade. Até hoje acredito que o problema foi a religião. Nunca mais conseguimos ter um relacionamento próximo desde aquela ocasião". Dana também disse que ela e o marido foram criados em ambientes familiares muito diferentes. "Meu marido sempre esteve muito isolado dos amigos. A religião da família não permitia que fizessem nada aos sábados, e ele estudou num colégio interno dedicado à sua religião".

No começo do relacionamento, Dana achou que a sogra era cheia de energia e divertida. Ela tinha esperanças de que a sogra viesse a gostar dela e de que o relacionamento desse certo, apesar das diferenças. Mas os problemas ficaram ainda piores quando Dana teve filhos. "Depois que vieram as crianças, nosso relacionamento mudou. Senti que ela me julgava duramente por eu não ter a mesma religião e não ver a vida do mesmo modo."

Dana, assim como Sophia, não consegue ser aberta com o marido em relação à mãe dele. Ela diz: "Tento ficar de boca fechada. Qualquer coisa que meu marido queira eu tento seguir". Embora pareça ter aceitado a situação por não ver outra alternativa, essa não é uma estratégia construtiva para melhorar a relação.

As fontes de diferenças familiares ou culturais estão enraizadas na tradição. Essas tradições díspares podem ser uma enorme fonte de discórdia. Não é preciso que a nora venha de um país estrangeiro para encontrar costumes extremamente diferentes na família do marido. Em vez de tentar replicar exclusivamente as tradições do marido ou da esposa (a menos que esta seja uma escolha mútua), o casal pode aprender a escolher elementos das duas criações para enriquecer sua nova família.

Tentar impor tradições pode ter um efeito adverso. Quando a sogra é controladora demais, isso pode minar o desenvolvimento bem-sucedido de autonomia e identidade do casal como um *casal*. Se a mãe aprende a ceder o lugar de Mulher Número Um, permitindo que a nora assuma tal papel, existe a oportunidade de que uma transição suave traga novas idéias.

Sra. Sogra

A discórdia pode vir de padrões de comportamento que enviam sinais negativos. O que é agradável e familiar para uma pessoa pode causar desconforto ou estranheza para a outra. Talvez a nora sinta que está sendo rejeitada pela sogra quando percebe a mensagem desta como algo negativo, seja essa a intenção ou não. Talvez a nora se retraia, fazendo com que a distância aumente.

Por exemplo, Doris, que vimos pela primeira vez no Capítulo 3, foi avisada no início do casamento que deveria chamar a sogra por "senhora". No que diz respeito a Doris, isso esfriou a temperatura de todo o relacionamento, deixando-a muito distante. A rejeição por parte da sogra serviu para reforçar o sentimento de que Doris não era a mulher com quem o seu filho deveria se casar.

Os sogros de Doris vêm de famílias muito tradicionais da Nova Inglaterra, suas árvores genealógicas remontam duzentos anos. A sogra de Doris não foi uma mãe muito dedicada, pois sempre esteve bastante envolvida com obrigações sociais e nunca sentiu que sua função era a de cuidar dos filhos. Entretanto, ela ama os filhos e cuidou para que fossem bem educados e freqüentassem as melhores escolas.

Doris vem de uma família de Indiana. Seus pais são a primeira geração de filhos de imigrantes ucranianos e seu pai abandonou a família quando ela tinha apenas doze anos. "Por um certo tempo, ficaríamos literalmente sem-teto, se não fosse pela caridade da igreja luterana. Já tivemos de viver num *trailer* no terreno de um dos membros da igreja. A família do meu marido nunca teve de se mudar da casa que construíram no mesmo terreno do seu avô paterno. Eles são donos desse terreno desde meados do século XVII. Meu marido saiu de casa pela primeira vez quando foi fazer faculdade.

"Minha sogra pagou pela festa de casamento", explica Doris. "Meu marido e eu tínhamos planejado nos casarmos em segredo, mas ele contou à sua mãe e ela insistiu para que casássemos na igreja. Eu não tinha nada contra casar na igreja, mas não tinha nem tempo nem dinheiro nem dote para organizar a cerimônia. Ela insistiu em fazer tudo. Fiquei muito agradecida e ela ficou feliz pela minha gratidão. Também deixei que fizesse tudo a seu modo. Ela planejou, pagou e recepcionou a festa em sua casa, não tinha do que reclamar. Para falar a verdade, fiquei feliz pelo que ela fez e ainda agradeço por termos tido uma cerimônia de casamento. *Mas*, olhando em retrospectiva, isso abriu um precedente para nosso futuro relacionamento: Tudo o que ela quer, ela consegue. Eu não questiono, só faço o que ela pede."

Outro precedente estabelecido pela sogra de Doris foi a forma pela qual deveria ser chamada. Doris diz: "Ela deixou claro para mim que teve de chamar a sogra de 'Sra. La Butte', e que eu deveria fazer o mesmo. Mas eu gostaria de ter um relacionamento mais equilibrado e adulto. A Sra. La Butte não é nada fácil e às vezes eu gostaria que fôssemos mais amigas, mas não preciso de sua amizade. Tenho muitas amigas carinhosas e minha sogra não é dotada desse tipo de carinho para me oferecer. A geração dela, sua posição no mundo, sempre foram muito formais. Ela gosta dessa formalidade e da expectativa clara de um comportamento adequado. Somos muito diferentes e seria legal que ela me aceitasse como sou, mas acho que sempre serei uma obra inacabada para ela".

Helen, por outro lado, não se importa se chamar a sogra por "senhora" é uma tradição ou não, ela simplesmente se recusa a fazê-lo. "Não a chamo de nada. Disse-lhe que já tinha uma mãe e que me recusava a chamá-la de Sra. Lindbergh." Helen e Doris têm muita coisa em comum: quando adolescentes, vivenciaram o divórcio dos pais; os pais de seus maridos estavam casados há mais de cinqüenta anos; os maridos só têm irmãos homens; têm sogras que criaram uma distância entre elas e suas noras; e as duas sentiram que as dificuldades aumentaram com a chegada dos filhos.

Mas Helen e Doris também reagiram de maneiras diferentes em circunstâncias similares. Helen esperava ser acolhida pela sogra, esperava ter um relacionamento íntimo que, para sua grande decepção, não encontrou. "Eu esperava ser tratada com o mesmo respeito com que a tratava. Esperava amá-la por ser a mãe do meu marido."

Para Doris foi diferente. "Eu não tinha grandes expectativas. Para não dizer que não esperava nada, esperava vê-la raramente e que nossa vida fosse independente uma da outra. Não planejava ter filhos quando me casei. Pensávamos em ter nossa vida profissional e que isso seria suficiente. Mas o nosso relógio biológico começou a soar mais alto e acabamos tendo dois filhos."

Doris é muito mais passiva em seu relacionamento com a sogra do que Helen e ela não teve a energia nem o temperamento para desafiar a mãe do marido. A condescendência fazia mais o seu estilo do que o confronto, mas isso não significa que ela se sinta bem. Ela diz: "Acho que ela me considera submissa e disposta a agradar sempre. Ela deve ter pensado muito pouco sobre como suas ações afetam meus sentimentos ou os sentimentos dos meus filhos, simplesmente desconsidera o impacto que tem sobre qualquer pessoa. Mas eu gostaria de poder gostar mais dela".

A sogra de Helen também é muito controladora. Ela diz: "Depois que tive filhos, o nosso relacionamento piorou. Minha sogra depreciava tudo o que eu fazia. Então meu marido foi demitido e assumiu duas turmas na faculdade local. Minha sogra cuidava de Rebecca na casa dela até que eu voltasse do trabalho. Na época, eu ainda estava amamentando e ela não aprovava tal prática, insistia em ter uma mamadeira para dar durante as duas horas em que Rebecca ficava lá. Eu disse que não era necessário dar mamadeira, disse que daria de mamar quando chegasse em casa às 5h30, mas ela acabou pegando uma mamadeira do vizinho. Não sei o que ela punha dentro e só descobri isso cinco anos depois".

A sogra de Doris não amamentou os filhos no peito. Ela também não abraçou a idéia, mas a sogra fez uma blusa especial para amamentação e presenteou Doris. Além disso, Doris teve uma gravidez difícil com o primeiro filho. Teve de ficar na casa da sogra e sentiu que estava em boas mãos. "Boas mãos controladoras", mas eram boas mãos mesmo assim.

Helen acredita que os julgamentos da sogra são muito duros e infundados. Ela acha que expressam um conjunto de valores muito diferentes dos seus. "Depois que tivemos nossa primeira filha, ela me disse que eu não sabia vestir minha filha com roupas adequadas, que deveriam ser vestidinhos chiques. Aos seus olhos, uma boa mãe sempre veste os filhos com roupas chiques. As coisas importantes na criação de um filho, coisas como carinho, amor, boas maneiras, valores ... nada disso importava para ela.

"Meu marido é completamente diferente dela. Nunca tinha me sentido tão irritada até conhecê-la! Eu queria que ela gostasse de mim, então tive de agüentar. Depois do nascimento do meu último filho, percebi que agüentá-la era função do meu marido. Mas depois que sofri e me recuperei de um câncer de mama, passamos a ter um relacionamento mais tolerável. Ela não faz mais comentários cruéis sobre mim."

Embora Doris tenha sentido o peso da classe de sua sogra, ela encontrou força em sua história e futuro. Ela diz: "Felizmente, apesar de ser tataraneta de imigrantes, mantive um alto padrão educacional e, até certo ponto, social. Quero que meus filhos se sintam confiantes e à vontade com qualquer pessoa, rainhas ou camponeses. E por mais estranho que pareça, meus objetivos para os meus filhos não são muito diferentes dos da minha sogra. Contudo, ela não confia que serei capaz de realizar esta função".

Entretanto, Doris é generosa e perdoa alguns comportamentos da sogra e diz: "Ela tem opiniões fortes quanto à aparência das pessoas, é muito dura em seus julgamentos com relação aos cabelos das crianças, suas roupas, suas maneiras e assim por diante. É igualmente dura quanto à minha aparência. Um cenário bastante comum com o passar dos anos tem sido chegarmos à casa dela, pentearmos os cabelos enquanto ainda estamos no carro e mesmo assim sermos recebidos com a frase 'Penteie o cabelo'. Isso geralmente leva à sua insistência de que, pelo menos as crianças (e freqüentemente sou incluída na categoria), devem ir direto para sua penteadeira".

Assim como o marido de Helen, o marido de Doris não estava ciente do comportamento da mãe em relação à sua esposa. Seu envolvimento recente fez uma grande diferença. "Há cerca de um ano", disse Doris, "minha sogra incluiu o próprio filho em suas críticas. E como resposta, ela recebeu um 'não' contundente. Ele disse que não iria até a penteadeira. Foi a primeira vez que ele sentiu a pressão que era colocada sobre mim e as crianças regularmente. Foi então que comecei a acreditar que meu marido poderia ser um aliado nesse relacionamento com a mãe dele."

Tanto para Helen quanto para Doris, uma mudança importante na dinâmica de suas famílias ocorreu quando seus maridos se tornaram participantes ativos das interações familiares com as mães deles. Doris explica: "Até o ano passado mais ou menos, minha sogra se comunicava principalmente comigo, não com o filho. Ele e o irmão pararam de dar ouvidos àquilo que ela dizia há muito tempo. Isso fez com que eu me tornasse a guardiã do calendário familiar e a responsável por lidar com as opiniões fortes e o comportamento controlador dela. Mas isso era muito difícil para mim já que minha personalidade não é tão forte quanto a dela. Minha tendência é render-me frente a uma força maior, mas isso se tornou um peso depois desses dez anos e acabei me entregando".

Para Doris, ser passiva perante o comportamento controlador da sogra causava-lhe certa dificuldade, mas ela percebeu que seus filhos ficavam magoados com tal comportamento. Isso fez com que ela mudasse. "Finalmente comecei a discutir com ela, pelo bem dos meus filhos. Felizmente, meu marido é mais capaz quando se trata de enfrentá-la. Hoje em dia direciono meus comentários a ele, que lida com a mãe a maior parte do tempo."

Mesmo assim, para Doris, sempre haverá uma estranheza com a sogra. "No fundo do meu coração eu sei que ela se sente mortificada por seus netos não estarem sendo criados por uma mãe de sangue azul. Ela faz tudo o que pode para garantir que eu os eduque 'corretamente'. Muitas vezes sinto que, para a família dele, minha maternidade é apenas um aluguel de útero, já que eles têm os direitos de propriedade sobre os meus filhos. Quando meu filho ficou parecido com meu irmão, eles disseram que ele não se parecia com ninguém e ficaram muito aliviados quando ele passou a demonstrar preferência pelo tio-avô, irmão da minha sogra."

Ele é Filho Dela

Embora possa ser difícil para a esposa o fato de a sogra ser intrusiva, freqüentemente, é o marido que sente o maior peso dessa intromissão. A mãe de um homem pode ter dificuldades para abandonar o papel que teve em toda a vida do filho. Se foi uma mãe dedicada, talvez o filho casado ache agora toda essa dedicação sufocante. Além do mais, ele pode estar tentando se separar de sua família ao mesmo tempo em que sua esposa tenta formar ligação mais forte com seus sogros. Esses esforços contrários podem criar uma tensão no casal.

Nadja acredita que são as suas dificuldades que geram um certo desconforto às vezes. Ela não acredita que sua sogra seja culpada por sua intromissão. "Ela não impõe sua presença", explica Nadja. "Tudo tem sido uma constante nos últimos dezessete anos. Ela e eu ainda nos damos muito bem, mas há momentos em que penso que o meu marido fica do lado dela e não do meu. Não é um grande problema porque ela é muito boa para nós dois."

Em relação a isso, Estelle notou: "Sam é um pouco passivo; ele não deixa que muitas coisas o incomodem. Mas também não é muito proativo. Ele ama muito a mãe, portanto não dá sinais de quando suas atitudes são excessivas. Também não telefona para ela sem a minha insistência. Assim, apesar de suspeitar que ela deseja um relacionamento mais íntimo comigo, provavelmente ela não percebe que, em grande parte, sou responsável por Sam manter a intimidade entre *eles*".

Quando Judith conversou sobre a situação entre o seu marido e a mãe dele, ela disse: "O relacionamento entre o meu marido e a mãe dele é cada vez mais tenso. Ele está tentando uma separação adulta e ela está tentando segurá-lo. Por certo tempo, senti que ela me culpava pelo desejo que ele tinha de ganhar mais espaço longe dela. Ele pediu que ela não telefonasse com tanta freqüência, ou que pelo menos reunisse todas as perguntas em um único telefonema e que não ligasse em casa durante o dia. Mais tarde ela telefonou e perguntou: 'Com que freqüência posso ligar?' Agora, na maioria das vezes, ela obriga o pai do meu marido a fazer a ligação. É óbvio que ela está por trás do telefonema porque meu sogro telefona e diz: 'O você que achou do jogo de basquete? Ah, a propósito, tem sopa e salada de fruta na geladeira daqui de casa se você quiser pegar'".

Freqüentemente, além de manter seu equilíbrio delicado com a sogra, a nora também se encontra na posição de intermediária do relacionamento do marido com a mãe. Judith descreveu a situação dessa maneira: "A parte mais difícil é que o meu marido é tão duro com ela que eu acabo ficando sem graça. Nunca fiz guerrinha de nervos com os meus pais quando fui adolescente e nunca fiz coisas como gritar 'Eu te odeio' e sair batendo a porta. Meu marido, por outro lado, é um grande encrenqueiro e faz questão de mostrar que ela passou dos limites. Recentemente, ela tentou endireitar o colarinho dele e ele tirou as mãos dela com certa violência. Ela ficou de cara amarrada e a noite toda foi um fracasso".

Hope, por outro lado, observou que a tensão que sente em relação ao marido e os pais dele existe porque ela começou a ver que o marido é muito mais parecido com os pais do que ela acreditava ser quando se conheceram. "Quando éramos mais jovens, eu não percebi ou talvez não tenha me importado com o fato de Steve ser um pouco distante. Sou muito expressiva e Steve é mais como a mãe, ambos são mais reservados. Sou mais passional; ele é mais passivo. Depois que nossa filha nasceu e com meus negócios caminhando praticamente sozinhos, comecei a sentir-me rejeitada por sua ausência emocional. Meus pais estavam morando em Ohio e eu me sentia muito só. É claro que não podia conversar com minha sogra sobre nada e senti que, do mesmo modo, eu não podia conversar com Steve. Ele é um homem adorável, mas não expressa suas emoções em relação a mim. Quando olho para ele, vejo sua mãe muito mais hoje do que na época em que namorávamos."

Hope tem uma relação muito íntima com sua família. "Somos muito próximos", disse Hope. "Quero dizer, brigamos e gritamos uns com os outros, mas brincamos muito e damos muita risada. Pelo o que pude observar, minha sogra não tem nenhum senso de humor. Os pais de Steve são fazendeiros de Iowa, também são muito religiosos. Antes de nos casarmos, Steve e eu já vivíamos juntos há um ano e tivemos de esconder isso dos pais dele. Depois do casamento, pelo menos ganhamos o direito de dormir no mesmo quarto quando fazemos visitas. Quando minha filha nasceu, houve mais assunto para conversar. Nossa filha se tornou um ponto de interesse comum. O bebê facilitou nosso tempo juntas."

Esse é um bom exemplo de como pode ser superficial um relacionamento cortês e educado entre sogra e nora. Relacionamentos "bons" dependem de algo além das simples boas maneiras. Muitos relacionamentos que apresentam desafios e dificuldades no seu curso podem atingir resultados mais profundos e satisfatórios. Sem a mudança e o progresso, qualquer relacionamento fica estagnado. Sem substância, não há elementos com que trabalhar.

Hope e Steve estão casados há oito anos e, infelizmente, pouca coisa mudou no relacionamento de Hope com a sogra. "Minhas interações com minha sogra continuam a ser tensas e superficiais. Não há *nada* de genuíno. Além do mais, Steve e a mãe raramente se conversam, eles quase não têm um relacionamento; entretanto, quando conversam, o tom é no mínimo educado. Se você pedisse para minha sogra dizer algo a meu respeito, algo que eu gostasse ou não, algo que fosse interessante para mim, acho que ela não saberia o que responder. Ela realmente não sabe nada sobre mim."

Um eu Diferente

Há muitas razões para que uma nora, quando está com a sogra, comporte-se de maneira diferente do que quando está com a própria família ou amigos. Talvez ela deseje impressionar ou agradar a sogra e, portanto, disfarce ou esconda o seu eu verdadeiro. Ou talvez ela mude com o tempo durante o casamento. Pode haver grandes mudanças pessoais que façam com que sua ligação com a sogra se torne menos compensadora e exija mudanças. Quando as noras discutem com suas sogras, a reclamação "Ela não me conhece" é extremamente comum. Também é comum ouvir as noras dizerem que, quando as sogras estão por perto, nunca podem ser elas mesmas.

O desconforto de Sophia quando a sogra está por perto faz com que ela tenha atitudes que normalmente não teria. Para ela, seu comportamento incomum intensifica o desconforto de suas interações. Por exemplo, Sophia disse: "Normalmente, acredito ter um tom de voz carinhoso e amigável, mas quando estou conversando com ela, minha voz fica fria e totalmente desprovida de sentimentos. Houve muitos eventos que me deixaram chateada no curso do meu casamento levando as coisas para esse pé". Naturalmente, ao comportar-se de maneira não natural, Sophia afasta ainda mais a sogra e tem a impressão ainda mais forte de que a sogra não faz idéia de quem ela é.

Emma sentiu que "durante os anos de escuridão", ela não se sentia à vontade para agir naturalmente na presença da sogra. "Eu ficava sempre na defensiva evitando gestos ou palavras que pudessem nos afastar ainda mais. Sentia que ela esperava que eu estragasse tudo." Quando Emma não estava preocupada com cada passo que dava, estava tentando dar um passo para longe dali. Ela observou que a sogra fazia a mesma coisa. "Agora percebo que estávamos usando armaduras e nunca permitimos nos mostrar como realmente somos.

Acho que a pergunta é como se pode conhecer alguém, ou deixar que te conheçam, se todo mundo está agindo como se fosse outra pessoa?"

Talvez haja uma boa razão para usar essa armadura. Não se pode negar que algumas noras sejam criticadas e atacadas pelas sogras. A esperança é que as noras possam desenvolver a confiança necessária para relaxar um pouco seus disfarces defensivos. Ao agir de maneira mais autêntica, elas podem se sentir mais compreendidas. Isso dá às sogras uma chance de vê-las como "realmente são".

Demorou muitos anos para que a sogra de Astrid a reconhecesse pela mulher maravilhosa que ela é. Astrid era uma dona de casa que retornou aos estudos aos quarenta e dois anos de idade e concluiu seu doutorado em bioética. Ela percebeu, logo no início do casamento, que estava sendo completamente ignorada pela sogra, Kara. Astrid diz: "Quando a conheci, senti-me muito intimidada. Seu passado, suas experiências e grande reputação na comunidade eram muito diferentes das minhas. Ela tinha muito trabalho como médica, muitos amigos de profissão (a maioria homens) e muitas relações sociais. Não havia espaço para mim na vida dela".

Kara era muito dominadora. Astrid diz: "*Não tive escolha* a não ser aceitar Kara como pediatra. Ela não aceitaria que eu levasse os netos dela a outro médico. Ademais, Kara não tinha intenção de 'agradar' as mães que eram suas clientes. Os pais nunca tinham uma oportunidade de fazer perguntas ou sugestões ou questionar o tratamento. E se você não seguisse suas instruções corretamente, recebia um sermão daqueles. Fui tratada exatamente como todos os outros pacientes. Entretanto, mesmo que ela seja a melhor médica da cidade, eu aconselharia qualquer outra nora a evitar ter a avó como pediatra dos seus filhos.

"Quando meu filho, Jens, nasceu, o meu relacionamento com minha sogra não mudou. Naquela época, no entanto, me senti mais confiante e passei a ter uma vida própria. Na verdade, eu não sentia falta de ter um relacionamento com ela e sabia que tinha a melhor médica da cidade apesar de ser uma clínica geral."

"Ela não tinha absolutamente interesse algum por mim até que entrei na pós-graduação ... e mesmo assim seu interesse não foi grande até que concluí meu doutorado e fui trabalhar. Ficou claro que ser sua nora, a esposa do seu filho, ou a mãe dos seus netos não me dava *status* algum, mas sendo uma profissional eu tinha credibilidade. Além disso, eu sei que ela estava chegando ao final de sua vida e percebeu que, além de sua pequena família de primeiro grau, ela estava sozinha. Ela já era viúva há quase vinte anos e seu trabalho como médica havia diminuído. Apesar de estar cuidando da terceira e quarta geração de filhos, muitos pais não queriam mais consultá-la presumindo que ela pudesse morrer antes que os filhos atingissem a adolescência."

"Acredito que foi muito difícil para ela aprender a ser minha amiga, como mulher. Acho que ela nunca teve uma amiga mulher antes. Foi fácil para mim responder às suas investidas e superar a frieza anterior. Fiquei muito orgulhosa de mim mesma e gostei de ser respeitada por ela ... apesar de nunca ter recebido um elogio sequer. Nos tornamos boas amigas e conversamos sobre coisas que as mulheres gostam de conversar, além de nosso interesse comum por assuntos infantis. Ela tinha atravessado tantas gerações e tantas mudanças no estilo de educação dos filhos que pôde trazer uma perspectiva fascinante para estas questões. Nos seus últimos três anos de vida, ela ficou muito dependente de mim. Nós duas mudamos muito. Não tenho dúvida de que as mudanças que vivenciamos enquanto envelhecíamos permitiu que ficássemos mais próximas."

Filhos e a Dinâmica Familiar

Em geral, ter filhos muda todos os relacionamentos familiares. Depois que a nora se torna mãe, uma série de novas responsabilidades são assumidas por ela. Essa é uma importante passagem do desenvolvimento que, junto com a alegria, necessariamente traz estresse e tumultos para dentro da própria mulher, que dirá em seus outros relacionamentos. Freqüentemente, essas mudanças são uma fonte de tensão entre a sogra e a nora.

Jess percebeu que a maior mudança com a sogra ocorreu com o nascimento do seu terceiro filho. Foi então que o relacionamento ficou mais difícil do que nunca. Jess diz: "Durante os últimos seis anos, vários fatores contribuíram para dificultar o meu relacionamento com a minha sogra. Tive outro filho, meus sogros se aposentaram e o meu marido continuou acreditando que era necessário agradar aos pais e cumprir suas exigências, mesmo quando isso não fosse bom para sua própria família".

A chegada de uma terceira criança teve um efeito muito mais pronunciado na dinâmica familiar de Jess do que ela poderia esperar. Ela disse: "Aos quarenta anos de idade, tive o meu terceiro filho. A diferença de idade entre meu filho mais velho e o mais novo é de treze anos. Em vez de essa criança encontrar uma vida familiar estabelecida, assim como ocorreu com os meus dois outros filhos, a vinda do novo bebê trouxe um período de caos".

"Não tínhamos percebido como uma série de fatores teria um impacto sobre nossa vida, muitos deles de maneira bastante significativa. O primeiro fator foi a morte da minha mãe cinco anos antes do nascimento do meu filho. Ela tinha sido muito útil e prestativa quando do nascimento dos outros dois". A falta desse apoio teve um grande impacto sobre Jess. "Tive de encarar o trabalho extra e as exigências de tempo da nova criança com menos ajuda. Minha sogra trabalhava período integral e não tinha nenhuma folga para me ajudar.

"O segundo fator foi que não tínhamos dado importância à grande diferença de idade dos nossos filhos e como isso exigiria mais do nosso tempo. Sempre cuidei dos horários das crianças sozinha. Mas tentar combinar os horários de escola, esporte, reunião de escoteiros e compromissos religiosos das duas crianças ao mesmo tempo em que arrastava o bebê comigo provou ser um desafio e tanto. Outro problema foi que nosso filho mais velho tinha chegado à idade em que começa a se rebelar contra a autoridade dos pais. Acabamos tendo de lidar com uma série de eventos estressantes nos quais ele estava envolvido. Então, meu marido iniciou uma nova firma de advocacia, um ano antes do bebê nascer, e ele precisou empregar boa parte do seu tempo e energia no novo empreendimento."

Durante esses períodos de estresse, Jess sentiu-se cada vez menos à vontade com as exigências sociais que a sogra fazia. "Havia momentos em que ela queria nos visitar ou gostaria que fôssemos visitá-la. Meu marido gosta de agradar à mãe e não conseguia entender por que não era uma boa idéia que seus pais viessem nos visitar. Naturalmente, lidar com isso também foi estressante."

Uma das primeiras tarefas que o novo casal enfrenta é criar um novo contexto familiar separado do contexto dos seus sogros. Muitas das noras abordadas na Parte II não conseguiram completar essa mudança de desenvolvimento com sucesso. A luta é criar um plano funcional que permita fazer a transição de suas famílias de origem para uma família nova, própria e separada dos sogros.

Perguntas em Resumo

- Existe alguma coisa que você gostaria de mudar no seu relacionamento com a sua sogra? Como você gostaria de abordar esta mudança?

- Você se sente à vontade com os seguintes fatores no seu relacionamento com a sua sogra? Numa escala de 1 (menos à vontade) a 10 (mais à vontade), como você classificaria os seguintes fatores no seu relacionamento?

    - *Comunicação* _____
    - *Respeito* _____
    - *Envolvimento* _____
    - *Carinho* _____

- Você tem possibilidades de escolha?

- Se você pudesse desejar algo para o relacionamento, o que desejaria?

Capítulo 6

Apóie Sua Mulher

Eu gostaria que ela não fosse tão superprotetora do filho e que compreendesse que eu também contribuo para o resultado do nosso casamento e para a educação dos nossos filhos.
— Sophia

Aquilo que penso sobre a "dinâmica" entre o meu marido, a mãe dele e eu é que, bem, aqui temos duas mulheres de opiniões fortes, acostumadas a fazer as coisas do seu jeito a maior parte do tempo, sem nada em comum exceto um homem. Queremos ser a mulher "mais importante" da vida dele. Mas se acaso um dia realmente começássemos a brigar, a única coisa que conseguiríamos seria magoar esse homem; portanto, tentamos ser civilizadas uma com a outra.
— Sharon

Em sua experiência como assistente social, Sophia conversou com muitas mulheres sobre suas dificuldades em casa e os problemas que elas enfrentam com os maridos e as mães deles. Quando observa sua vida, percebe que o seu relacionamento com o marido continua tenso devido aos seus problemas com a sogra. "Boa parte das discussões que tenho com o meu marido foram por causa da maneira com que a mãe dele me trata", diz ela. "Ele é tão próximo da mãe que eu nunca poderia dizer nada 'negativo' sobre ela."

O marido colocou todo o peso dos ajustes necessários em cima dos ombros de Sophia. Impossibilitada de discutir com o marido sobre seus problemas com a sogra, ela se sentiu desprotegida. "Ele me dizia que como era uma 'profissional especializada', cabia a mim ser uma pessoa melhor ao lidar com sua mãe. Conseqüentemente, muitas de nossas discussões não eram sobre ela, mas sobre o fato de o meu marido não apoiar meus sentimentos."

Ao transformar Sophia na única responsável por decidir o destino do relacionamento com a mãe, o marido dela abdicou do seu papel como companheiro. Ao transformar a questão do comportamento da mãe em algo fora dos limites das reclamações, ou até mesmo discussões, ele removeu a possibilidade de uma troca genuína em relação às lutas de Sophia.

A Dona da Casa

Historicamente, e na maioria das culturas em todo o mundo, as mulheres não tiveram a liberdade que os homens tiveram. Cuidar da casa e dos filhos têm sido papéis tradicionalmente femininos. Tais responsabilidades normalmente eram passadas de geração em geração, freqüentemente da sogra para a nora. Quase nenhuma ênfase era colocada sobre a qualidade do relacionamento. Os sentimentos da mulher não tinham peso nem eram considerados especialmente importantes, contanto que ela fizesse o seu trabalho, seja limpar a casa ou estar linda para o marido.

Na cultura moderna, estamos muito mais cientes da felicidade, da qualidade de comunicação e da interação franca do que nossos antepassados. Sophia nota: "Eu gostaria que minha sogra compreendesse que contribuo para o resultado do nosso casamento e para a educação dos nossos filhos". Por não dar valor à Sophia, ou pelo menos dar a impressão de que nenhum valor lhe é dado por cuidar da família, a sogra invalida a importância da nora dentro de sua família. Isso faz com que Sophia se sinta profundamente menosprezada. Ela se ressente do fato de a sogra passar a mensagem de que ela, e não Sophia, é a figura maternal importante na vida dos filhos e do marido de Sophia. Aos seus olhos, a sogra ainda se considera a "Mãezona".

Joy disse: "Quando minha mãe teve um infarto há dois anos, eu estava tentando descobrir como ajudá-la a lidar com a vida. Dentre meus irmãos, sempre estive na posição de assumir a responsabilidade pelo o que fazer com nossa mãe. Enquanto pensava sobre o assunto, a princípio, eu ouvia as opiniões do meu marido e da minha sogra. Eles me aconselharam a vender a casa da minha mãe e procurar uma clínica de repouso para ela. Eu estava prestes a fazer isso quando percebi que o espírito da minha mãe parecia definhar. Conversei com uma das melhores amigas de minha mãe e tudo que ela disse foi: 'Joy, acho que você deveria fazer uma experiência para ver como sua mãe ficaria na própria casa', e ofereceu ajuda nessa fase de transição. Naquele mesmo instante tomei a decisão, *sem* consultar o meu marido nem a minha sogra.

"Fui para casa e contei ao meu marido o que pretendia fazer, e ele disse que se eu fizesse isso, ele 'deixaria de me amar'. Disse-lhe para fazer o que quisesse. Fiquei profundamente magoada e extremamente triste com a sua atitude, mas segui em frente com a minha decisão. Foi um período muito difícil. Semanas depois, disse ao meu marido que ele me devia desculpas por ter ameaçado não me amar mais, e ele concordou.

"Até hoje minha mãe está morando em sua casa que fica a uma hora de distância da nossa em Upper Montclair. Contratei uma enfermeira 24h para ela. Eu cuido das contas e do jardim e faço visitas uma vez por semana. Às vezes, deixo de visitá-la uma semana. O motivo pelo qual o meu marido foi contra a minha escolha originalmente é que ele acreditou que se eu mantivesse minha mãe em sua casa, isso seria mais trabalho para mim e um grande estorvo na vida da nossa família. O que ele nunca compreendeu e ainda não estou certa se compreende, é que eu ficaria muito mais tensa se tivesse de colocar minha mãe numa clínica de repouso e isso abreviasse sua vida, uma vez que eu tinha a opção de ampliar sua qualidade de vida e fazê-la viver mais. Eu não queria que sua morte pesasse sobre minha consciência e sei que sou capaz de fazer o que estou fazendo.

"Minha sogra desaprova as escolhas que fiz ao permitir que minha mãe seguisse vivendo sozinha em casa. Tem sido difícil lidar com isso, mas sou o mais clara possível em relação às escolhas que faço. Tenho *raiva* por minha sogra não apreciar o que fiz, embora diga que admira a maneira com que 'lido' com tudo. Fico ressentida por ela ter a audácia de imaginar que sabe melhor do que eu o que é bom para *minha* mãe. Depois que parei de correr feito barata tonta, preocupada que o céu iria cair sobre minha cabeça, pude ver tudo com mais clareza. Estou sempre dizendo que minha sogra só consegue ver a nossa vida através de uma janela."

Oferecendo Ajuda

Rivkah disse que a falta de ajuda por parte da sogra quando ela visita a casa de Rivkah gerou uma grande dose de irritação. "Minha sogra me ajuda muito menos do que minha mãe", notou ela. "Ela nem retira seu prato depois das refeições e não ajuda na casa. Espera ser servida o tempo todo. Até mesmo quando eu estava com o bebê no colo, ou estava trocando fraldas, ela não levantava um dedo para me ajudar. Entretanto, como é a minha casa, talvez não se sinta à vontade e eu tento compreender isso.

"Minha sogra ficou muito ansiosa antes do nascimento da minha filha. Fui hospitalizada na 34ª semana com pré-eclâmpsia e estava muito mal. Minha sogra ligava para o meu quarto várias vezes ao dia, às vezes duas vezes por hora, fazia milhares de perguntar sobre o bebê, e nunca perguntou se estava ligando numa hora ruim, ou se eu preferia não conversar. Ela fez isso noite após noite. Não dava para agüentar, então insisti para que o meu marido, Benjamin, conversasse com ela, e respondesse às suas perguntas.

"Benjamin protege os pais, mas está aprendendo que eles não são perfeitos. Tenho de ser muito gentil se quero falar sobre eles, ou pedir algo para eles por meio do meu marido. Às vezes, minha mãe pode ser direta demais, mas nunca senti o mesmo tipo de intromissão por parte dela. Talvez seja porque é a minha mãe, mas também se trata do jeito das pessoas. É como se minha sogra tivesse ido além com o conceito de que eu sou a dona da casa. É como se ela acreditasse que não precisa levantar um dedo para fazer nada, a menos que lhe seja pedido especificamente."

As lutas pelo poder dominam o relacionamento de Sharon com a sogra. "Quando compramos nossa casa", lembra ela, "minha sogra comprou o sofá. Ela e meu sogro vieram para cá ajudar a arrumar a casa. Quando fomos comprar o sofá, ela foi direto a um determinado modelo e disse que era o melhor para nós. Bem, sentei em todos os sofás da loja, porque esse é o meu estilo de fazer compras. *Preciso* experimentar tudo, mesmo que acabe escolhendo o primeiro modelo. Voltei e concordei com a minha sogra que aquele que ela tinha gostado tinha o tamanho e o formato ideais para nossa sala de estar. Então fui escolher o tecido para o estofado. Olhei todos os tecidos mais de uma vez, comparando-os com uma amostra de tinta que trouxe de casa. Enquanto isso, minha sogra estava murmurando com meu marido nos fundos. Finalmente ele veio me dizer que ela queria saber por que eu estava procurando um tecido diferente; por que não comprava o sofá com o mesmo tecido do modelo da loja?

"Tentei explicar que queria algo diferente, mas nada que eu dissesse a convenceria. Finalmente compramos o sofá com o *meu* tecido, mas o tempo todo ela continuou dizendo que eu tinha feito uma péssima escolha. Isso acabou com o meu dia. Fiquei agradecida por ela ter comprado o sofá, mas a sua atitude e a maneira com que tentou controlar a decisão tiraram toda a alegria do presente. Minha sogra não é uma pessoa ruim, mas somos tão diferentes e há tantos espinhos nos meus sentimentos por ela, que quase qualquer demonstração de generosidade me traz algum tipo de sensação negativa."

Embora Sharon reclamasse da sogra, ouvimos poucas interferências do marido nas decisões. A ausência de participação do marido sugere que o casal pode estar tendo dificuldades para agir como companheiros. Várias vezes Sharon se irrita ou fica com raiva por causa do domínio verbal da sogra e sua maneira intrusiva. Em algum momento, ela precisará reconhecer onde estão as falhas, e aprender como evitá-las. Ela se prepara para aceitar presentes que vêm com um preço; um preço que ela não quer pagar. Quando se pode ver claramente o que vem pela frente por ter observado claramente o que veio antes, é possível evitar as bombas óbvias e previstas de um campo minado.

Sharon reconhece que tem uma certa dose de responsabilidade nessa situação desagradável. Ela diz: "Aquilo que penso sobre a 'dinâmica' entre o meu marido, a mãe dele e eu é que, bem, aqui temos duas mulheres de opiniões fortes, acostumadas a fazer as coisas do seu jeito a maior parte do tempo, sem nada em comum exceto um homem. Queremos ser a mulher 'mais importante' da vida dele. Mas se acaso um dia realmente começássemos a brigar, a única coisa que conseguiríamos seria magoar esse homem; portanto, tentamos ser civilizadas uma com a outra."

"Meu marido sabe que eu irrito a mãe dele e que ela me irrita. Eu costumava incomodá-lo muito por causa da mãe, mas um dia ele disse que toda vez que eu fazia isso, eu o magoava profundamente. Disse que me amava e que amava a ela também, e que ficava triste ao me ouvir falando mal da mãe dele. Isso me fez parar e refletir, e desde aquele dia tento morder a língua para não reclamar dela. Afinal, ela é a mãe dele, e apesar de não ser perfeita, eles se amam muito. Também é interessante notar que, depois que parei de reclamar, ele se manifesta com maior prontidão quando ela faz algo que o irrita. Acho que como ele não sente mais a necessidade de defendê-la da minha raiva, ele pode dizer quando está irritado com ela".

Equilíbrio

A descoberta de Sharon em relação ao marido é muito importante. Todos os relacionamentos geram um equilíbrio, seja ele bom ou ruim. Com o passar do tempo, os indivíduos desenvolvem padrões em seus papéis particulares para manter tal equilíbrio. Às vezes os papéis se tornam rígidos e fixos. Talvez uma pessoa sempre acabe como o irresponsável, o dependente, o irritado ou o emotivo, e assim por diante. Em outras palavras, a pessoa se torna o *contêiner* predeterminado de um certo comportamento ou conjunto de emoções. Isso não deixa espaço para que outra pessoa também habite esse lugar. Quando Sharon deu um passo atrás em sua raiva, seu marido foi capaz de abandonar sua postura defensiva e assumir alguns de seus sentimentos de raiva.

Meu Marido, Seu Filho

Tsong cresceu no mesmo país que a sogra. Enquanto ainda era criança, ela e os pais fugiram dos horrores da guerra e partiram para a Inglaterra. Lá ela conheceu e se casou com o seu marido, que também era um refugiado. Sua família sofreu muito, mas ela e os pais sobreviveram. Sua sogra não teve tanta sorte. Quando chegou em Dover como refugiada, já tinha perdido o marido e só lhe restavam os filhos.

Os pais de Tsong eram profissionais altamente qualificados. A sogra de Tsong era analfabeta e seus filhos eram tudo o que ela possuía. Vivia em função deles. Desde o começo, essas diferenças prejudicaram o relacionamento entre Tsong e a sogra. Com o tempo, a desconfiança e o ressentimento também cresceram entre elas. "Ela acusava meus pais de serem traidores e comprarem sua liberdade", explica Tsong, ainda muito alterada pela emoção. "Sofremos muito, assim como ela, mas por ter perdido o marido e vivenciado momentos muito duros após sua chegada, ela se ressente da minha família e de mim porque tivemos recursos para reconstruir nossa vida, e ela não."

Apesar da falta de recursos, a sogra de Tsong conseguiu levar seus filhos para a faculdade de medicina trabalhando numa série de subempregos ano após ano. O marido de Tsong e o irmão, são médicos, também trabalharam duro e embora tivessem recebido bolsas escolares, os dois tinham um grande senso de obrigação em relação à mãe. "A mulher", diz Tsong, "vive somente para os filhos".

Tsong entende o sentimento de obrigação que o marido tem em relação à mãe. Ela também se sente muito próxima dos pais. "Nunca pensei que meu marido não devesse se sentir agradecido à mãe", explica. "E por causa da demonstração de lealdade do meu marido para comigo, fui capaz de ser magnânima com ela, apesar de seus insultos e suas críticas." Quando se vê forçado a escolher um dos lados, a lealdade do marido de Tsong nunca se abalou. Quando a mãe fazia comentários claramente ofensivos contra a esposa, ele sempre tomou o partido de sua companheira.

Tsong teve um relacionamento negativo com a sogra que nunca criou dificuldades em seu casamento. Está claro que é possível ter um casamento bom, forte e saudável apesar de um relacionamento ruim entre sogra e nora, contanto que o vínculo ou unidade entre o casal esteja firme. O relacionamento de Tsong exemplifica como pode ser vital o vínculo entre marido e mulher. Diferente de Sophia, cujo marido invalidava suas preocupações, o marido de Tsong estabelecia limites saudáveis que reafirmavam a força do casal.

Na verdade, uma intromissão real ou percebida pela sogra, como vivenciou Sophia, e sua negação subseqüente pelo marido da nora pode ser o precipício no relacionamento sogra/nora, além de prejudicar o próprio casamento. Felizmente, a sensibilidade do marido de Tsong em relação à esposa ajudou-a a restaurar um relacionamento perturbador com a sogra. Tsong diz: "Ela ama nossos filhos, então não pode ser tão ruim assim. Acho que ela me ataca porque é uma pessoa muito limitada. Ela sabe que meus filhos são as crianças mais bonitas e brilhantes do mundo. Pelo menos ela sabe disso!"

Querida, Você Está em Casa?

Quando o terceiro filho de Jess nasceu, o que aconteceu treze anos depois do segundo filho, ela recebeu menos apoio do marido. "Cada vez mais, eu precisava do seu tempo, da sua energia e da sua presença física para tentar manter as nossas atividades e alguma semelhança com a vida que tínhamos antes da chegada do bebê. Precisávamos renegociar alguns acordos básicos sobre várias áreas da nossa vida. Entretanto, meu marido limitou-se quanto ao tipo de ajuda que me daria. Como a ajuda que ele decidiu me dar não supria minhas necessidades nem as necessidades dos nossos filhos, passamos por momentos muito difíceis. Meu relacionamento com minha sogra também modificou.

"Achei que, como meu marido não supria mais minhas necessidades nem as necessidades das crianças, eu não podia mais satisfazer os desejos da mãe dele, especialmente se isso representasse ter de mexer demais nos horários das crianças, ou se o meu marido não estivesse disposto a ajudar antes da visita dos pais dele. No passado, eu tinha sido muito flexível e saía completamente da minha rotina por causa da família dele, assim como fazia pela minha. Mas acabei sentindo o desejo de cuidar muito mais da vida da minha nova família."

Jess percebeu que outros fatores pioraram esta situação que já estava desagradável. Além de ter perdido a mãe e sentir a falta de ajuda do marido, diz ela: "Quando meus sogros se aposentaram, isso afetou o meu relacionamento com minha sogra de maneira negativa". Desde a aposentadoria, Jess percebeu uma mudança no comportamento da sogra. "Ela se tornou mais manipuladora, passou a não aceitar um 'não' como resposta. Outros membros da família também perceberam isso, mas meu marido não. Se eu não concordo com o que minha sogra quer, ela fala com o meu marido, sem dizer que já havia conversado comigo. Então ele tenta me convencer a fazer o que ela quer, o que geralmente leva a uma discussão. É como lidar com uma adolescente que sabe como jogar os pais um contra o outro. É difícil agüentar isso e eu sinto vontade de evitar todo e qualquer contato com ela."

Está claro que Jess não tolera o comportamento da sogra, diferentemente do seu marido, e isso deve ser analisado. Jess e o marido precisam apresentar uma postura mais unida e não permitir que a mãe dele seja a força que os divide. Além disso, Jess precisa ter uma comunicação mais clara sobre suas preocupações e superar as ações retaliadoras.

Embora sua situação seja totalmente diferente da de Jess, Ellen também sempre acreditou que a lealdade do marido era para com a mãe e não para com ela. Como ela deixou claro no Capítulo 2, a sogra a adorava e acreditava que não faria nada de errado. Devido à capacidade de Ellen em fazer com que as pessoas se sintam "cuidadas", ela sempre fez com que a sogra se sentisse especial. Mas até mesmo a capacidade de colocar alguém completamente à vontade não é suficiente para criar um bom relacionamento.

Ellen sempre se sentiu desconfortável no relacionamento com a sogra. Ela achava muitos dos comportamentos da sogra extremamente perturbadores. Entretanto, o pior para Ellen era ver o marido menosprezar seus sentimentos. A situação tensa com a sogra era exacerbada pelo conflito secundário com o marido, causado por sua falta de empatia. O que poderia ter sido apenas irritante se tornou quase insuportável. Seu ressentimento cresceu e logo passou a ser difícil ter qualquer sentimento positivo em relação à sogra.

A grande diferença entre Ellen e Nancy (veja Capítulo 3) é que o relacionamento de Nancy com o marido nunca esteve em perigo. O marido de Nancy nunca colocou as necessidades dos pais antes das necessidades de sua esposa. Deixando os conflitos de personalidade de lado, essas duas mulheres sabiam que suas sogras as consideravam ótimas noras. Mas Nancy nunca se sentiu preterida por causa do relacionamento do marido com a mãe dele.

Ellen acredita que esse não é o caso do seu marido. "Quando eles ainda eram vivos, meus sogros eram muito egocêntricos. Meu marido era um filho muito dedicado que nunca esperou muito dos pais, mas sempre foi muito generoso com eles." Isso se tornou uma fonte de atrito entre Ellen e o marido. "Philip não via nada de errado no fato de os pais entrarem na nossa casa a qualquer momento e pegarem um vinho na adega sem pedir permissão. Certa vez, quando enfrentei minha sogra com a pergunta: 'Por que você não entra e fala um oi antes de ir para a adega?', ela simplesmente respondeu que 'eles não queriam esquecer as garrafas'. Ela nunca perguntou se não tinha problema em pegarem aquelas garrafas de vinho, nem se tínhamos reservados algumas para nosso consumo.

"Meu marido disse que eu estava errada por não gostar do comportamento deles e que não toleraria minhas críticas em relação aos pais." Fica claro que a idéia de "nós" que deveria ser desenvolvida entre os casais se quiserem ser felizes não foi alcançada por este casal (Gottman e Silver 1999). Philip, na verdade, calou as preocupações da esposa em defesa da mãe.

"Eu não tinha liberdade para criticar minha sogra de maneira alguma. Quando perguntava o que estavam fazendo com o vinho, ela simplesmente dizia que estava seguindo o marido." Essa situação tensa e repetitiva trouxe enormes discussões entre Ellen e Philip. Mas Ellen ainda insiste em classificar o relacionamento com a sogra como boa. Ela repetiu o fato de que tanto ela quanto a sogra são artistas e gostam de sair juntas. Elas respeitam o trabalho uma da outra e trocam elogios. Ellen diz: "Suponho que foram o meu ressentimento e a minha falta de confiança no meu sogro que se sobressaíram. Minha sogra não era uma mulher muito forte, portanto não posso dizer que era ela a responsável por dificultar as coisas".

Contudo, Ellen descreveu um episódio como ilustração dos seus problemas com o comportamento da sogra.

"Meus sogros se mudaram para a Flórida depois de coletar metade do valor do escritório de advocacia que meu marido, por meio de trabalho árduo, transformou num negócio próspero – enquanto seus pais viajavam pelo mundo e seu pai apostava nas corridas de cavalos. Para pagar a "parte" do pai, tivemos de vender nossas ações e pegar dinheiro emprestado!

"Pouco tempo depois, eles decidiram voltar para Detroit e compraram um novo apartamento, e meu sogro voltou para o escritório de advocacia do qual já tinha ganhado muito dinheiro, especialmente para alguém que nunca estava lá. Então, vieram morar conosco porque o apartamento novo estava sendo reformado. Eu tinha dois filhos pequenos e uma 'babá' que morava conosco. Eles tiraram a 'babá' do quarto dela e disseram que ela deveria ficar no porão durante o mês em que estariam conosco. Ela pediu demissão."

"Meus pais estavam na América do Sul na época, então não podiam me ajudar. Dois filhos pequenos, um cachorro, um gato e um marido que trabalhava dez horas por dia no escritório. Meus sogros acordavam, tomavam café da manhã e iam encontrar os amigos, ou inspecionar o apartamento, ou comprar móveis... Retornavam na hora do jantar que esperavam estar pronto para eles."

"Em momento algum ofereciam ajuda nem faziam compras, exceto uma vez em que minha sogra comprou quatro ameixas, colocou-as na geladeira e disse que eram para o marido dela. Depois de duas semanas nessa rotina, certa noite anunciei que estava exausta e que não tinha tempo para preparar o jantar. Em vez de nos convidar para jantar fora, minha sogra ligou para a filha dela e convidou-a para jantar com eles, explicando em alto tom para que eu pudesse ouvir que não havia jantar em casa. A pior parte desta invasão foi meu marido não tolerar minhas reclamações de maneira alguma sobre a mãe e o pai dele."

Mais uma vez, vemos que a resposta do marido dificultou ainda mais as coisas. Se Philip estivesse emocionalmente ligado a Ellen, talvez ela não se sentisse tão magoada com a sogra. Na verdade, as dificuldades, em certo ponto, ameaçaram a estabilidade do casal. Infelizmente, Ellen estava tão magoada pela falta de consideração da sogra que foi incapaz de reagir de maneira construtiva. Ela demonstrou uma atitude de vítima, esperando pelo socorro do marido.

Como alternativa, Ellen poderia ter conseguido persuadir a sogra a ajudá-la na casa e no cuidado das crianças em vez de mantê-la distante. Isso poderia ter suprido suas necessidades de várias maneiras. Ao mesmo tempo em que não iria contra os desejos do marido, ela poderia ter desenvolvido um relacionamento de colaboração com a sogra. Muitas mulheres conseguem expôr suas necessidades de forma construtiva sem ofender a outra parte.

Em vez disso, Ellen sentiu-se presa num círculo vicioso de um marido que não a apoiava e sogros exploradores. "O carro dos meus sogros estava no mecânico e meu marido decidiu que eles deveriam usar o meu. Ele telefonou do escritório e disse que eles viriam em uma hora para pegar o carro. Quando expliquei que não poderia ficar sem o carro, ele disse que tinha acabado de falar com a mãe e prometido emprestá-lo. Não havia argumentação. Quando ele disse que eu estava sendo histérica, liguei novamente para ele e disse que a menos que ligasse para os pais e os mandasse alugar um carro, eu tomaria uma atitude drástica. Ele pensou que eu estava brincando, riu da minha cara e desligou o telefone.

"Virei-me para as minhas duas filhas, que na época tinham onze e cinco anos, e dei-lhes cinco minutos para fazer uma mochila com pijamas, maiô e escova de dentes e mandei-as entrar no carro. Disse-lhes que estávamos indo para um hotel na Pensilvânia. Minhas filhas ficaram curiosas com a idéia de fugir de casa. Tivemos sorte em conseguir um lindo quarto de hotel. Essa foi a primeira lição que receberam sobre não permitir que fossem subjugadas por uma pessoa opressiva mesmo que essa pessoa fosse alguém que elas amassem."

"Como os pais do meu marido não me encontraram, nem meu carro, nem minhas duas filhas quando chegaram em casa, eles telefonaram para o meu marido no escritório e ele, por sua vez, telefonou para os meus pais que não sabiam nada sobre nosso paradeiro. Telefonei mais tarde para avisar que estávamos bem e em outro estado. Até o dia de hoje (mais de trinta e três anos), minhas filhas adoram contar a história da vez que a mamãe fugiu de casa e levou-as para uma 'grande aventura'. Quanto ao meu marido, depois que revelei nosso paradeiro, ele dirigiu até a Pensilvânia no dia seguinte para nos buscar e pedir desculpas por sua falta de consideração."

O Que é Ser Filha?

Kelsey é outra mulher que não recebe ajuda do marido quando se trata do relacionamento conturbado com a sogra. Ela acredita que muitas vezes o marido fica cego com relação ao comportamento da mãe. Diferente de Nel, cuja sogra não tinha filhas e criou um espaço especial para Nel em seu coração, a sogra de Kelsey não estava preparada para deixar que outra mulher entrasse em sua vida com seus filhos.

A maioria das mulheres entrevistadas para este livro cujos maridos não tinham irmãs foram aceitas pelas sogras como a "filha" que elas nunca tiveram. No entanto, existem algumas exceções. Arnstein, em seu livro de 1985, revela a descoberta de que a ausência de uma filha na família da mãe do marido dificultava os ajustes necessários para se tornar sogra, mais do que para as sogras que tinham filhas e, portanto, já estavam mais familiarizadas com este relacionamento. Talvez tenha sido essa falta de vivência com uma filha o fator que contribuiu para os problemas que Kelsey tem com a sogra.

Kelsey admite: "Minha sogra e eu temos um relacionamento extremamente complicado. Quando conheci meu marido, tinha só dezesseis anos. Eu vinha de uma situação familiar bastante marginalizada: divórcio precoce, muitos anos de pobreza, consumo de drogas e álcool por parte dos meus pais, casamentos e divórcios subseqüentes. Eu gostaria muito de ter tido uma infância 'normal' com pais formados na faculdade e uma situação financeira estável. Quando conheci Alexander e fui aceita por sua família, achei que tivesse encontrado ouro".

Kelsey tinha esperanças de desenvolver uma conexão especial com a sogra já que só havia meninos na família do marido. "Para ser sincera, achei que seríamos amigas e que eu seria a filha que ela nunca teve." Kelsey descobriu que nem tudo que reluz é ouro. "Parecia que eles tinham tudo o que eu não tinha, uma família forte e responsável de pessoas inteligentes e que se amavam. Apesar de ter havido um divórcio, foi apenas um, e a família parecia bastante intacta, o que era invejável. Achei que a mãe de Alex era maravilhosa, inteligente, culta, e muito carinhosa comigo."

As dificuldades que Kelsey acabou enfrentando foram muito mais intensas do que simplesmente conseguir se dar bem com a sogra. Mas aquilo que mais a perturbava no dia-a-dia era não ter o apoio do marido. As esposas dos irmãos do marido dela tinham reclamações similares, disse Kelsey. "Nenhuma das noras se sentia protegida pelo marido. Todo mundo precisa paparicar a sogra e realizar todos os seus desejos."

Kelsey admite que as coisas mudaram um pouco depois que seu filho nasceu. Apesar de acreditar que a sogra não tenha nenhum amor por ela, percebe que a mãe do seu marido, em certos momentos de "clareza e consciência enquanto não se sente paranóica ou defensiva", vê as influências positivas de Kelsey. "Ela diria que as coisas não são fáceis entre nós, mas que me considera uma mulher maravilhosa e que seu filho me ama muito".

Diferente de Kelsey, Hope comenta sobre o seu relacionamento com a sogra: "Eu não ficaria surpresa se ela me visse como uma filha ou dissesse tal coisa. Afinal, eu não acho que ela tenha vínculos verdadeiros ou íntimos com sua filha ou qualquer outra nora".

Hope diz: "Quer dizer, a conversa mais longa que já tive com minha sogra e que não dizia respeito à minha filha foi sobre quais animais empalhados ela daria para cada uma de suas noras. Ela estava muito feliz por ter ganhado três animais empalhados no bingo da igreja e parecia estar gastando muito tempo e energia para decidir qual deveria ir para qual nora. Não me lembro de tê-la visto tão animada antes, isso foi estranho. Quando meu tio morreu, no ano passado, o único contato que minha sogra teve com meu pai foi enviar um cartão padronizado de pêsames com o seu nome assinado no final. É possível que ela tenha enviado esse tipo de cartão para sua própria filha quando o filho dela nasceu".

Está claro que ser "como uma filha" não garante um vínculo maternal entre sogra e nora. O papel de "filha" é tão exclusivo quanto o papel de "nora", ou qualquer outro papel na família.

Ruptura Ruim

O que achamos mais extraordinário nas histórias da Parte I, Capítulos 1 a 3 "O Relacionamento Bom", e Parte II, Capítulos 4 a 6 "O Relacionamento Ruim", é que muitos dos problemas do relacionamento sogra/nora descritos pelas noras eram freqüentemente os mesmos ou muito similares. Mas as ferramentas usadas pelas mulheres para lidar com os seus relacionamentos e a maneira com que interpretavam certas ações das sogras eram diferentes.

O que distinguia o "bom" do "ruim" não era o conteúdo dos comportamentos, mas como as noras reagiam a eles. Nos Capítulos 1 a 3 "O Relacionamento Bom", as noras acreditavam ter bons relacionamentos quando eram capazes ou estavam dispostas a negociar num terreno que não era fácil. Essas noras trabalhavam para manter os aspectos positivos dos seus relacionamentos e também procuravam melhorar as partes mais difíceis da relação com as sogras. Elas consertavam as rupturas conforme apareciam.

Nos Capítulos 4 a 6 "O Relacionamento Ruim", boa parte das noras eram incapazes ou não estavam dispostas a exercitar uma comunicação construtiva com as sogras. Por medo, mágoa, passividade, pessimismo, ou uma série de outras razões, muitas dessas noras nem ao menos abriam espaço para discussão, que dirá tentar trabalhar seus problemas com as sogras ou maridos.

Freqüentemente, essas noras externalizavam culpa. Elas não se viam como instrumentos ou agentes de mudança que poderiam desenvolver relacionamentos mais saudáveis. Com freqüência encontramos um sentimento de desesperança quando o marido era o foco. Essa condição de desesperança era exacerbada quando não havia o apoio do marido. Quando este se via preso entre a mãe e a esposa, quase sempre a esposa se sentia ofendida quando se exigia dela considerar o lado da sogra acima de tudo; ela se sentia traída. Muitas das noras nesses capítulos se sentiam abandonadas pelos companheiros por ainda não terem formado relacionamentos verdadeiramente autônomos com eles.

Ademais, as noras, assim como Sharon, que se viam presas às necessidades de simpatia e polidez acima da autenticidade, tendiam a deixar seus problemas de lado, mas guardavam e acumulavam sentimentos negativos que pareciam infindáveis. Aquelas que expressavam os seus ressentimentos permitiam que o relacionamento turbulento com a sogra colocasse seus casamentos em perigo.

Nos Capítulos 4 a 6 "O Relacionamento Ruim", vimos pouca ou quase nenhuma evidência de qualquer um dos lados tentando melhorar a situação ou considerando a busca de ajuda externa. Essa postura passiva não ameniza os sentimentos. A mágoa só crescerá, perpetuando um relacionamento insatisfatório crônico. Essa desarmonia não desaparece simplesmente, ela tem um impacto sobre a família. O casal tem uma árdua jornada pela frente e juntos encontram uma rede de relacionamentos complexos. Quando iniciam uma nova família, os dois precisam levar em consideração suas histórias individuais e a maneira como se relacionam com as famílias de origem.

Às vezes, as famílias se intrometem no casamento, trazendo esgotamento em vez de fortificá-lo. A luta para encontrar o equilíbrio entre as tradições familiares diferentes pode atrapalhar a criação de novas tradições. É possível que uma mulher rejeite certa tradição só para ir contra a sogra que deseja se impor, ou talvez ela rejeite a sogra por não gostar de suas tradições. Esses conflitos se transformam num simbolismo da sobrevivência. A nora pode criar uma armadura de defesas, insistindo em questões que não são importantes, mas que apresentam um significado simbólica. Se estiver buscando uma transformação, é preciso lutar com questões mais profundas.

Para Onde Vamos a Partir Daqui?

1. *Procure apoio.* Se você não está pronta ou se sente incapaz de conversar com a sua sogra, procure apoio em outro lugar. Você precisa de um ambiente seguro para superar suas dificuldades. Se acredita que isso não pode ser conseguido prontamente, busque ajuda profissional.

2. *Comece a discutir algumas de suas preocupações com seu marido.* Faça uma lista das sugestões que ele oferecer sobre como resolver da melhor maneira os problemas com a sua sogra.

3. *Pratique uma comunicação assertiva em relacionamentos menos tensos.* Encontre outras pessoas com quem você possa investigar meios de se comunicar. Aprenda como dizer o que sente sem atacar a outra pessoa.

4. *Aprimore esse relacionamento em outra dimensão.* Tome algum tempo para gerar ou construir coisas positivas. Hasteie a bandeira das coisas que você gosta e não das que odeia. Lembre-se, essa mulher é a mãe do seu marido e, a menos que haja uma patologia real, você deve tentar fazer com que tudo funcione da melhor maneira possível. Ter qualquer tipo de relacionamento é melhor do que nada.

5. *Conheça-a melhor.* Freqüentemente as noras lamentam o fato de suas sogras não as conhecerem. Pergunte-se se essa dinâmica é recíproca. Tome a iniciativa e demonstre curiosidade. Descubra aquilo que ela gosta e não gosta, o que ela acredita e não acredita.

6. *Dê crédito à diferença cultural.* Algumas diferenças podem ser neutras e mesmo assim causar um choque terrível só porque não são familiares. Não deixe que as diferenças gerem discórdia. Tente abrir um espaço para elas.

7. *Será que ela realmente quis magoá-la?* Faça uma lista de explicações alternativas para as ações de sua sogra que você

considerou negativas. Considere os preconceitos como cultura, geração, religião e assim por diante. Às vezes, o carinho pode ter maneiras estranhas de se revelar. Será que ela não te ofendeu quando na verdade tinha intenção de ajudá-la?

8. *Seja cautelosa em relação àquilo que você conta aos seus filhos.* A menos que seja para protegê-los de algum perigo, mantenha os problemas entre você e sua sogra longe deles. Se existem dificuldades entre vocês duas e mesmo assim ela é uma avó maravilhosa, não estrague o relacionamento entre eles. Diferentemente do seu marido, seus filhos não deveriam ter de escolher um dos lados.

9. *Você não está errada por se sentir sensibilizada.* Existe uma vulnerabilidade única que acompanha o fato de ser uma nora. Você cria um vínculo com alguém que teve um vínculo de uma vida inteira com outra pessoa. Esteja ciente de sua sensibilidade. Tente monitorar e regular suas reações emocionais. Entretanto, não se feche como forma de proteção, tente expressar as idéias que evocam questões ou emoções mais profundas. Deixe que a vejam por dentro.

10. *Reconheça o simbolismo.* Talvez você se pegue com muita raiva ou uma reação exagerada contra algo pequeno. Não ouça os conselhos que dizem que suas reclamações são infundadas e que você deveria ignorá-las. Está claro que você deseja ganhar alguma perspectiva, mas deseja ver as coisas como realmente são. Isso significa descobrir o que está por trás da sua luta. Tente chegar ao cerne da questão.

11. *Expanda a sua capacidade de ouvir.* Ao negociar uma solução, evite condenar e resmungar. Você não é a professora nem o pai. Fale sobre os seus sentimentos, ouça e repita para ter certeza de que entendeu o que sua sogra ou seu marido está dizendo.

12. *Não há uma receita que funcione para todos.* Vimos como problemas similares podem produzir resultados muito diferentes, dependendo de como a relação é vista. Aquilo que você decide fazer deve ser congruente com quem você é. Tentar modificar o seu próprio comportamento ou o comportamento de sua sogra até o ponto em que todos estejam se comportando de maneira nada natural não seria produtivo. Não tente mudar quem você é nem espere que sua sogra faça isso. Tente ser positiva e não assuma o pior. Não desista ... ainda.

13. *Enquanto toma cuidado para não estar numa situação emocionalmente insegura, tente pensar no que pode melhorar este relacionamento.* A resignação é fatal para a promessa de uma relação melhor. Não jogue a toalha.

Parte III: O Relacionamento Péssimo
Ela era terrível!

Capítulo 7

Imperdoável?

Desde o primeiro dia ela deixou claro que não me aprovava e que eu deveria manter distância. Nos conhecemos num restaurante e ela assumiu que eu nunca tinha ido a um restaurante caro antes e que não saberia ler um cardápio requintado. Ela acreditou que seria necessário me ajudar a entender os pratos e ostentava um sorriso irônico enquanto lia em voz alta ... É difícil, mesmo quando você sabe que sua sogra está errada, sentir-se bem consigo mesma quando ouve constantemente que você não é boa o suficiente.

— Mariette

Por não ser "inglesa" (apesar de ter nascido em Londres e minha mãe ser inglesa) e por meu marido e eu não termos nos casados na Igreja da Inglaterra, simplesmente não fomos aceitos. Minha sogra acreditava que a família dela vinha de uma classe muito mais elevada que a minha.

— Ursula

Eu estava em prantos. Estávamos voltando para casa de trem, não me lembro de onde. Mas me lembro de Kim se levantar e pegar minha mão, dizendo para a mãe dele: "Não vou andar no mesmo vagão que uma pessoa que trata minha esposa com tal desrespeito".

— Tsong

"Péssimo", como descrição, não faz rodeios. Subjetivo até certo grau, é menos vago do que "bom" ou "ruim", deixando pouco espaço para a imaginação. Na Parte III examinaremos relacionamentos que passaram a não ter ou nunca tiveram saída. Isso não quer dizer que nos voltaremos ao estereótipo das sogras das piadas e encontraremos verdade por trás desse humor cruel.

As sogras, assim como os advogados e outras figuras "vilãs" da sociedade, são apenas pessoas que apresentam formas e tamanhos variados como qualquer um de nós. Elas vêm de todos os estilos de vida, todos os tipos de experiências e exemplificam a grande variedade de personalidades que existem no planeta. A única coisa que todas as sogras têm em comum é que tiveram um filho e que agora tem uma esposa.

Os relacionamentos nos Capítulos 7, 8 e 9 não inspiram compaixão pela sogra. Aqui estão situações que geraram grande sofrimento, geralmente para todas as partes envolvidas. Na Parte II, era possível compreender e aceitar o comportamento tanto da sogra quanto da nora. Geralmente, era possível simpatizar ou entender o que levava essas sogras a se sentirem ou se comportarem de tal forma. No entanto, quando um comportamento extremado resulta em danos igualmente extremados, é difícil não julgar a pessoa cujo comportamento causou tanto estrago.

Comportamento que Magoa

Nenhum relacionamento está livre dos seus momentos de insensibilidade ou ações impensadas. Nos capítulos anteriores, você viu como certos comportamentos das sogras causam sofrimento em suas noras. Mas até mesmo na Parte II, no item "ruim", o comportamento ofensivo era freqüentemente acidental e não-extremado. Em outras palavras, os comportamentos ofensivos descritos na Parte II eram mais perdoáveis. Na Parte III, você encontrará exemplos de comportamentos extremados que parecem imperdoáveis.

Por exemplo, Mariette, a designer de interiores que conhecemos no Capítulo 1, sentiu que inicialmente não sobreviveria ao comportamento extremamente frio da sogra. Durante seu noivado e os primeiros anos de casada, ela foi ignorada pela sogra. Felizmente, o nascimento das gêmeas mudou drasticamente o seu relacionamento com a mãe de seu marido, uma mudança para melhor.

Quando Mariette lembrou-se da maneira como foi tratada pela sogra antes do nascimento das filhas, ela disse: "Desde o primeiro dia ela deixou claro que não me aprovava e que eu deveria manter distância. Nos conhecemos num restaurante, e ela assumiu que eu nunca tinha ido a um restaurante fino antes e que não saberia ler um cardápio requintado. Ela acreditou que seria necessário me ajudar a entender os pratos e ostentava um sorriso irônico enquanto lia em voz alta. Quando dissemos que estávamos noivos e pretendíamos nos casar, ela parou de falar comigo. Parou até mesmo de olhar para mim".

Depois daquele jantar, a futura sogra de Mariette continuou fazendo tudo o que podia para impedir o casamento que se aproximava. Por exemplo, Mariette e seu noivo, Devon, eram intimados a visitar a casa da mãe dele em Worcester todo final de semana. Mariette fez a viagem de duas horas entre Boston e Worcester várias vezes, somente para ser tratada com frieza em cada visita. A mãe de Devon chegou ao ponto de servir migalhas de pão e cascas de batata para Mariette com uma explicação de que não havia comida suficiente para oferecer outra coisa, mas que "de qualquer modo essas eram as melhores partes". Depois da segunda vez que fez tal "refeição", Mariette deu um basta. Ela disse a Devon que não visitaria mais a mãe com ele. Ele não discordou. Mais tarde, ele preferiu ficar com Mariette muitos finais de semana e quando queria visitar a mãe, fazia a viagem sozinho.

A sogra de Mariette nunca perdeu uma oportunidade de deixar claro que a considerava como um "lixo branco". "Minha sogra deixou bastante claro que não queria relacionar-se com os meus pais. Isso magoou e ofendeu a mim e a eles." Mariette fez questão de dizer que a família dela, apesar de não ser rica, tem estudo e está muito envolvida nas atividades da comunidade.

A sogra fez o que podia para denegrir da imagem de Mariette e provar ao filho que ele estaria cometendo um grande erro se a escolhesse como esposa. Dezessete anos depois, o casamento de Devon e Mariette está mais forte do que nunca. "Acho que nossas tentativas anteriores com a mãe do meu marido realmente fortificaram o nosso casamento", diz Mariette. "Foi muito difícil para nós dois; como se tivéssemos sobrevivido à guerra juntos".

Quando o casal provou que era um par unido e indissolúvel, colocaram a mãe dele claramente no lugar dela. Deixaram que ela percebesse através de suas ações que ela teria de se adaptar ao mundo deles. Portanto, finalmente ficou claro para a sogra de Mariette que o comportamento hostil somente a afastaria ainda mais e, por fim, ela ficaria sozinha.

Nos anos que seguiram o nascimento das gêmeas, Mariette percebeu que sua relação com a sogra tinha estabilizado e realmente se tornado positiva sob muitos aspectos. "Fazemos longas caminhadas para conversar", diz Mariette maravilhada. "Isso era impensável cinco anos atrás. Realmente nos tornamos boas amigas. Seu novo namorado me disse que ela vive me elogiando! Será que isso é verdade?

"Recentemente, em uma de nossas caminhadas, minha sogra me disse que achou ótimo eu não ser uma fumante quando ela me conheceu, porque, caso eu fumasse, teria recebido cartão vermelho. Houve uma época em que eu ficaria furiosa por imaginar que ela se sentia com o poder de veto sobre as escolhas do filho. Hoje em dia fico de bico calado quando ela diz essas coisas terríveis. E sempre dou risada comigo mesma porque quando ela me conheceu eu *fumava*!"

Tsong, que você conheceu no Capítulo 6, também sente que certas coisas redimem sua sogra e evitam que aquilo que é ruim se transforme em um relacionamento realmente péssimo. "Certa vez, minha sogra acusou meus pais de serem colaboradores do regime do velho país. Ela sempre insinuou que acreditava que os meus pais tinham fugido ao comprar sua liberdade, mas nunca tinha jogado isso na minha cara diretamente. Eu estava em prantos. Estávamos voltando para casa de trem, não me lembro de onde. Mas me lembro de Kim se levantar e pegar minha mão, dizendo para a mãe dele: 'Não vou andar no mesmo vagão que uma pessoa que trata minha esposa com tal desrespeito'. Ele me levou para fora e entramos em outro vagão. Nunca mais ouvi uma só palavra cruel vinda dela em relação aos meus pais."

Palavras Que Não Podem Ser Retiradas

Freqüentemente ouvimos a seguinte frase: "O que está dito, está dito". Isso porque as palavras podem causar feridas muito mais profundas do que paus e pedras. Podemos nos recuperar de hematomas, mas o dano causado ao nosso ser é irreversível, talvez nunca nos recuperaremos das crueldades ditas sem querer ou com raiva, com a intenção de magoar.

Portia nasceu na ilha de Martinica e foi criada em Paris. Ela fala sete idiomas e tem um diploma de mestrado em sociologia. ("Os índios do oeste são terríveis conquistadores. Isso está no nosso sangue", explica ela.) Ela e o marido, Nikos, têm seu próprio negócio. Eles se conheceram na pós-graduação em Londres. Ele vem da área rural da Grécia e foi o único de sua família, que inclui seis irmãos, a freqüentar a faculdade. No noivado de Portia e o marido, ela tentou impressionar a futura sogra quando ela veio até Londres para uma visita. "Preparei uma refeição fabulosa e ela não olhou para mim o tempo todo", lembra-se. "Uma semana depois de ter voltado à Grécia, Nikos recebeu uma carta que o fez chorar, então insisti para lê-la. Ela dizia a Nikos que me achou uma mulher horrível. E ele chorou ainda mais, isso era terrível. Mas nos amávamos e tentamos passar por cima disso." Portia passou anos sendo referida como "aquela mulher". Certa vez, quando Nikos retornou de uma visita aos pais, Nikos e Portia encontraram um talismã escondido entre suas roupas íntimas, para "protegê-lo" de sua esposa, do "demônio negro".

Kadijah também vive em Londres, mas nasceu na Jordânia. Ela se mudou para o Reino Unido para freqüentar a faculdade de medicina e agora é médica. Kadijah se identifica como uma árabe muçulmana. No seu caso, nunca sentiu que a sogra tivesse qualquer tipo de respeito por ela por nunca ter sido tratada com respeito. Também ficou claro já no começo de seu casamento que a sogra não tinha vergonha de menosprezá-la na frente dos outros.

"Quando minha sogra veio nos visitar em Londres", disse, "ela me deu um presente. Era uma pulseira linda e eu fiquei muito surpresa. Ela colocou a pulseira no meu braço, sem largá-la. Então ela disse: 'Ah, seu braço é magro demais para essa linda pulseira', e pegou-a de volta e colocou-a no braço da filha. Ficou claro que ela só queria dar a *impressão* de que estava me dando um presente, mas nunca me deu nada, nunca. Ela sempre fazia coisas desse tipo.

"Ela olhava as minhas camisolas e comentava como eram vagabundas. Certa vez me chamou de prostituta porque minha mãe era jordaniana. Na cabeça dela, todas as mulheres da Jordânia eram prostitutas. Antes de nos casarmos, ela rezava cinco vezes ao dia para que o filho não se casasse com uma jordaniana. Isso sem falar no fato de que ela própria se casou com um homem da Jordânia. Vai entender."

Cidadã de Segunda Classe

É possível que uma mulher se sinta inferior por causa da sogra e se submeta a um *status* de cidadã de segunda classe sem mesmo se dar conta disso. Às vezes, a nora sente vergonha por permitir ser presa num relacionamento abusivo com a sogra. Talvez se sinta completamente desmoralizada pela natureza da relação. Também é freqüente sentir que não há uma saída possível. A insegurança que é gerada pode vazar para o relacionamento com o marido. A nora pode começar a se sentir indesejada por todos ou preocupar-se (às vezes com razão) que seu marido seguirá os preconceitos da mãe dele.

Quando Portia ficou na casa da sogra no interior da Grécia, ela se sentiu presa em uma armadilha. Ela disse: "Vários anos atrás, esse terrível incidente ocorreu durante minha última visita à casa da minha sogra. Certa noite subi para colocar meu filho na cama. Quando desci e entrei na cozinha, vi um casal que nunca tinha visto antes, amigos dos meus sogros que vieram visitar. Assim que entrei na sala de jantar, todos olharam para mim, exceto minha sogra, e o ambiente ficou em silêncio.

"Ninguém disse nada enquanto atravessei a sala de jantar para me sentar. Aquele silêncio incômodo continuou enquanto o casal esperava para descobrir quem era 'aquela mulher estranha'. Finalmente, meu sogro disse ao homem: 'Vocês conhecem a esposa do meu filho Nikos?' e então fez as apresentações. Minha sogra, que até aquele momento estava conversando com a mulher, simplesmente virou-se e me ignorou. Ela se recusou até mesmo a notar a minha presença perante os convidados. Estava claro que se sentia muito envergonhada por minha causa. A mulher e eu trocamos sorrisos amarelos e eu continuei sentada ali, sentindo-me como uma mancha suja e escura sobre um tecido branco até que a visita terminou. Naquele instante eu jurei que nunca mais colocaria meus pés naquela casa."

Portia comenta que o incidente também foi estranho para o seu marido, Nikos, e que causou problemas entre os dois também. Mas ela foi capaz de entender sua posição. "Meu marido estava na sala de jantar naquela noite e também não me apresentou. Na época fiquei furiosa e senti que ele tinha me abandonado. Mas ele explicou que estava esperando para ver se seus pais fariam a coisa certa, e eu concordei com isso. Ele sempre lhes deu oportunidade para fazer a coisa certa e sempre acreditou que era apenas uma questão de tempo até que minha sogra aceitasse a situação. Ele é muito mais otimista do que eu."

Mariette também tentou ser compreensiva, mas tinha chegado ao limite da tolerância. "Há um limite de abuso que uma pessoa pode suportar", diz ela. "Em determinado momento, minha vida tinha se tornado tão miserável perto da mãe dele que simplesmente me recusei a pôr os pés na casa dela. Ela vinha insistindo para que viéssemos jantar todos os domingos. Na verdade, ela insistia para que *ele* viesse todos os domingos e ele me pedia para acompanhá-lo. Quando finalmente disse que não agüentava mais, ele não insistiu.

"Mas houve um domingo em que Devon estava muito doente. Tinha febre alta e mesmo assim a mãe insistia para que viesse visitá-la porque não queria jantar sozinha no domingo. Além disso, ela sempre assumiu que mentíamos sobre tudo e ele não estava realmente doente, que na verdade tínhamos outros planos. De qualquer modo, naquela noite eu não ia apoiar a loucura de dirigir por duas horas até Worcester e também achava que ele não deveria ir. Mas ele foi. Isso foi demais para mim. Naquele momento senti que Devon precisava de ajuda. Ele finalmente conversou com a madrasta sobre a questão e ela lhe deu ótimos conselhos.

"A madrasta, Florence, disse a Devon que ele *não* era responsável pela vida da mãe e sim responsável por sua própria vida e por nossa vida juntos. Que alívio! Ainda acho que nossa decisão de mudar para a Flórida foi, em grande parte, influenciada pela proximidade da mãe dele. Boston era perto demais e a mudança foi uma ótima decisão. Realmente passei a me sentir fora do alcance do radar dela. É difícil, mesmo quando você sabe que sua sogra está errada, sentir-se bem consigo mesma quando ouve constantemente que você não é boa o suficiente."

Ursula, que é regente do coral em West Yorkshire, Inglaterra, recebeu o mesmo tipo de desprezo da sogra. Ursula disse que era tão jovem quando se casou que não tinha idéia de onde estava se metendo nem imaginava até que ponto seria menosprezada pela sogra. "Crescemos na mesma rua, freqüentamos as mesmas escolas", comenta sobre ela e o marido, "mas fomos criados em ambientes familiares muito diferentes. Fui criada numa família católica e meu marido era da Igreja da Inglaterra. Para sua família, isso significava mundos completamente diferentes. Freqüentemente minha sogra me dizia que meu pai era apenas um operário irlandês (ele era engenheiro) e que eu estava me casando com o filho de um advogado e deveria respeitar a diferença de classes e reconhecer minha sorte por estar me casando com alguém de uma classe superior. Por não ser 'inglesa' (apesar de ter nascido em Londres e minha mãe ser inglesa), e por meu marido e eu não termos nos casado na Igreja da Inglaterra, simplesmente não fomos aceitos. Minha sogra acreditava que a família dela vinha de uma classe muito mais elevada que a minha."

"Meu pai era um 'imigrante irlandês' que trabalhava das 9 às 5 enquanto o pai dele era advogado, empresário de sucesso e membro da Casa dos Lordes no Parlamento Britânico. De acordo com sua mãe, o filho de um Lorde não deveria seguir as regras como as demais pessoas. Meu marido deveria seguir os passos do pai, então teve pouco incentivo para sair sozinho e procurar sua independência. É uma carga muito grande para um adolescente e ainda esperar que isso o ajude a se tornar um homem."

"Eu nunca reclamei para o meu marido sobre a mãe dele. Eu estava desesperada demais para agradá-la. Minha sogra sempre me dizia: 'Você pode fazer o que quiser no seu casamento, contanto que não incomode o seu marido'. Com freqüência me via pensando até onde isso deveria ir. De qualquer modo, essa era uma regra muito difícil de seguir. Meu marido e eu trabalhávamos juntos e ainda tínhamos o coral. Eu poderia fazer o que quisesse contanto que conseguisse uma babá, limpasse a casa e cuidasse de tudo para não incomodar o meu marido. Isso se seguiu por 25 anos."

"Não acho que seja incomum as mulheres serem tratadas dessa maneira, especialmente na classe social deles, mas não estava certo. Eu era tratada, e acreditava ser, uma cidadã de segunda classe. Ela servia o jantar de Natal e eu servia a refeição do dia seguinte. Ela chamava minha refeição de 'Jantar Irlandês' e a dela de 'Jantar Propriamente Inglês'. Na época eu achava isso aceitável, mas agora sei que não passava de desprezo."

"Nunca me deixaram sentir como parte da família, nem ao menos que pertencia a ela. Certa tarde eu estava sentada com minha sogra e minha cunhada. Minha cunhada fez um comentário sobre o broche adorável da minha sogra, um camafeu cor-de-rosa que eu tinha dado no dia das mães duas semanas atrás. 'Onde você comprou um broche tão adorável?', perguntou minha cunhada. 'É uma bobeira que peguei por aí', respondeu ela. Depois que minha cunhada saiu da mesa, perguntei: 'Por que você não comentou que eu te dei de presente?' Ela respondeu: 'Porque ela não me deu nada e eu não queria magoar seus sentimentos'. Nunca havia preocupação com os meus sentimentos. Eu tinha esperanças de que, conforme ganhasse reconhecimento no grupo da igreja da minha sogra, isso a agradaria. Sempre senti como se ainda fosse a 'filha do vizinho', nunca sua nora."

"Certa vez, enquanto meu marido estava na escola e eu trabalhava no departamento pessoal de uma empresa ferroviária, eu tive de trazer os contracheques para casa no final de semana. Coloquei-os cuidadosamente numa gaveta no meu quarto que ficava num porão. Saí para fazer algumas coisas e quando voltei para casa, encontrei minha sogra segurando todos os contracheques e me acusando de roubo. Minha cunhada, que tinha onze anos, esteve vasculhando as gavetas e levou os cheques para ela. Eu pensei: 'O que estou fazendo aqui, dando explicações quando foi ela quem vasculhou nas minhas coisas particulares?' Fiquei pensando se ela andou vasculhando a minha gaveta de calcinhas também."

Perguntas em Resumo

Todos têm um limite diferente para a dor. Algumas coisas se tornam águas passadas, outras ficam para sempre.

- *Pense em outro relacionamento, anterior a este, que tenha tido um impacto negativo em sua vida. Como você compara esse relacionamento com o seu relacionamento atual com a sua sogra?*

- *Você se identificou com alguém neste capítulo? Se a resposta for não, como você lidaria com esses relacionamentos?*

- *Em termos objetivos (use a terceira pessoa "ela"), escreva seu relacionamento com sua sogra em um parágrafo. Leia a sua história em voz alta e então ofereça um conselho.*

Capítulo 8

O Mal Está Feito

Ela se apega a uma imagem de uma senhora bondosa que gosta de ler livros, dar dinheiro para os filhos e que tem "ótimos" (palavras dela) relacionamentos com as noras, mas é, na verdade, uma maníaca que fica espreitando nas sombras com uma faca afiada, pronta para atacar. Sinto pena porque ela não tem a menor idéia de como se ajudar. Vive na ilusão.

— Kelsey

Na família do meu marido, as esposas não eram nada. As crianças, os irmãos, eram os únicos com direitos exclusivos. Quando o pai morreu, minha sogra assumiu o controle. Era uma verdadeira matriarca: a Grande Dama. Rejeitou todas as esposas dos filhos e assumiu o controle sobre os netos. Ainda governa do túmulo.

— Ursula

Nos capítulos anteriores, você leu sobre os modos pelos quais uma nora pode melhorar o seu relacionamento com a sogra e vir a aceitá-la e ainda criar um espaço para ela em sua vida. Entretanto, às vezes as feridas não cicatrizam tão facilmente; às vezes, não cicatrizam nunca. É preciso uma mulher tão magnânima quanto Mariette ou Tsong para aceitar uma mágoa tão profunda e continuar se relacionando com a sogra. Mas tal aceitação também exige um vínculo bastante forte com o marido. "Gong Ching" em Mandarin se refere ao vínculo gerado pela experiência (Yuan 2000). Freqüentemente, quando essa experiência é traumática, ela pode criar um vínculo mais intenso.

Um vínculo tão forte constrói fundações igualmente fortes sobre as quais a nora pode enfrentar com segurança os insultos ou os comportamentos impróprios que estejam presentes no relacionamento com a sogra. Sem tal vínculo com o marido, a mulher pode sentir que seu casamento, assim como seu relacionamento com a sogra, está em perigo. Preparar-se para passar toda uma vida com uma sogra que causa atrito na sua vida e provoca raiva é um desafio enorme. A confiança de que seu marido te ajudará a lidar com tal fardo é de extrema importância. Não se deve esperar que você agüente a tormenta sozinha.

Não Dava para Saber

Nos relacionamentos que foram severamente maculados ou que agora parecem não ter saída, é possível que os sinais de alerta de coisas terríveis pela frente não tenham sido reconhecidos. Às vezes, simplesmente não há sinais de alerta. Por exemplo, Kelsey, que conhecemos no Capítulo 6, tinha sentimentos bastante positivos em relação à sogra no começo, mas logo descobriu que o relacionamento seria impossível. Com o passar dos anos, ela descobriu que o problema era muito maior do que apenas duas mulheres que não se davam bem.

Kelsey disse: "Nos últimos dezesseis anos percebi que ela era mentalmente perturbada. Aprendi da maneira mais difícil, através de suas demonstrações de raiva e por não falar comigo por causa de pequenos erros. Ficou claro que minha sogra tinha vivenciado um trauma profundo na vida, algo que continua a pesar sobre a família, é um peso para todos. Ela é extremamente perfeccionista e seu comportamento controlador está predisposto a ataques de raiva".

"Minha sogra também tem um estilo incrivelmente eremita e treinou a família nos mesmos parâmetros. Seu lema é: 'Não confie em ninguém que não seja da família'. Incluindo as noras, que hoje somos quatro. Todas tivemos de agüentar nossa cota de veneno numa tentativa de colocar nossos maridos contra nós. Qualquer coisa pode trazer à tona seus sentimentos de humilhação, que então incitam sua raiva. E quando ela fica furiosa, todos sentem sua ira. Ela é a responsável por acabar com várias reuniões familiares.

"Num Natal, ela ficou tão brava comigo que saí da casa em prantos enquanto Alexander gritava com ela por ter sido tão cruel comigo. Ela se apega a uma imagem de uma senhora bondosa que gosta de ler livros, dar dinheiro para os filhos e que tem 'ótimos' (palavras dela) relacionamentos com as noras, mas é, na verdade, uma maníaca que fica espreitando nas sombras com uma faca afiada, pronta para atacar. Sinto pena porque ela não tem a menor idéia de como se ajudar. Vive na ilusão. Recentemente disse à minha cunhada que percebi que tudo aquilo que Draca diz, na verdade quer dizer o oposto. A tradução de 'Eu adoro minhas noras' significa: 'Não acredito como meus filhos foram se casar com essas idiotas'. 'Realmente acredito na honestidade total. Eu prefiro ouvir a verdade e saber exatamente o que está acontecendo do que fingir que tudo está bem', pode ser traduzido como: 'Diga algo com que eu discorde e arrancarei seus ovários do corpo para fazer chá com eles'.

Kelsey tem certeza de que, a menos que sua sogra procure ajuda psiquiátrica, não há chances de mudanças. Como Draca é a mãe de seu marido, Kelsey acha que estaria disposta a fazer um esforço ainda maior para se dar bem com ela, mas não se as coisas permanecerem desse jeito. "Para ser franca, gostaria que minha sogra pensasse na possibilidade de tomar remédios para ansiedade e fobia social. Eu percebo que isso coloca a responsabilidade de mudança sobre ela, mas não vejo como o relacionamento pode melhorar enquanto ela estiver tão instável mentalmente.

"Alexander e eu temos conversas muito tensas quando se trata da mãe dele. Ela é tão sensível e ansiosa que está constantemente comentando sobre como as coisas vão entre nós três. E em relação a Alexander, ela é superprotetora. Essa é a parte confusa do meu casamento e demorei anos só para encontrar as palavras certas para falar sobre o assunto. Hoje sabemos mais ou menos onde estamos nos metendo e tentamos ficar juntos antes de visitá-la. Mas isso nem sempre é possível. Às vezes, Alexander tem dificuldades para manter a cabeça fria quando estamos juntos. Ela nos sufoca tanto que às vezes ele acaba indo embora. Isso me deixa louca porque preciso que ele seja meu companheiro quando estamos perto dela, mas nem sempre ele é capaz de assumir essa posição todas as vezes."

Hoje em dia, no entanto, Kelsey sente que avançou muito e se encontra num terreno mais firme. "Cresci muito nesses dezesseis anos de convivência com ela", disse Kelsey com confiança. "Consigo encará-la com muito mais clareza. Nosso relacionamento esteve em declínio até que Alex e eu tivemos nosso filho. Agora todos nós temos papéis mais claros e eu me sinto mais forte para expressar minha opinião quando estou irritada com ela e também não fico por perto se não estou com vontade."

Kadijah comentou que, embora houvesse muita conversa entre ela e a sogra antes do casamento, ela não viu o comportamento inicial da mãe do seu marido como algo que poderia ruir seu casamento. "Inicialmente, nossas duas famílias eram amigas", disse ela. "Tiveram uma longa convivência antes do nosso casamento, 40 anos atrás. As duas famílias se davam muito bem. Surpreendentemente, meu marido e eu nascemos no mesmo lugar, no mesmo país e até no mesmo hospital. Portanto, boa parte de nossa infância foi muito parecida. Nos conhecemos a vida toda. Devo admitir que mesmo quando era criança, nunca gostei da minha sogra. Nunca me senti à vontade perto dela."

Problemas Desde o Começo

Saber aquilo que você vai enfrentar certamente é melhor do que não saber, mas tal conhecimento pode não prepará-la para o que vem pela frente. Quando uma mulher se casa com alguém cuja mãe realmente tem problemas mentais e cuja patologia tem um peso negativo sobre os outros, ela deve se preparar para desafios profundos à sua frente. Kadijah viu tanto os sinais quanto o comportamento que ela reconheceu como indicadores de problemas futuros. "Como eu conhecia essa mulher há anos, sempre tive baixas expectativas", diz ela. "Eu gostaria que fôssemos capazes de nos comunicar melhor, mas não esperava que isso acontecesse. Também não esperava a intensidade de seu desrespeito por mim; mas isso não foi uma surpresa. Claro que isso não significa que não esteja magoada.

"Como disse, eu nunca gostei dela. Conheço-a desde que tinha onze anos. Ela nunca foi legal comigo, nunca mesmo. Servia sobras de comida para as crianças, servia biscoitos mofados e carcomidos pelas traças. Acreditava que nós (minha mãe e eu) não éramos dignas da comida que ela servia em casa. Ela não era pobre, de maneira nenhuma. Não se tratava de um equívoco, era uma atitude intencional que ela deixava claro por não comer da mesma comida servida para nós. Que tipo de pessoa civilizada faria tal coisa? Que comportamento horrível! Sempre a vi como uma mulher controladora, infeliz e obcecada."

Ursula, assim como Kadijah, conhecia a sogra desde a infância. Ela disse: "Casei-me aos dezenove e permaneci casada por vinte e cinco anos antes de me divorciar. Meu primeiro marido e eu moramos na casa da mãe dele durante os seis primeiros meses de casamento. Minha sogra tinha pais ingleses e escoceses e foi criada na Igreja da Inglaterra. O marido dela era advogado e membro da Casa dos Lordes.

Ela vinha de uma família de fazendeiros e vivia na sombra do marido. Acredito que tenha sofrido abusos da parte dele. Minha cunhada se deu conta disso quando ainda era criança e dizia coisas para a mãe como: 'Você não passa de uma camponesa, você não serve para nada além de esfregar o chão e ordenhar as vacas'. Isso era horrível.

"Mesmo quando as coisas entre nós não podiam piorar, eu ainda me dirigia a ela com respeito. Meu marido ficou igualzinho ao pai. Era fabuloso no parlamento, mas era algo como O *Médico e o Monstro*, em casa ele era um tirano. Ele se tornou uma fotocópia do pai, embora não quisesse que isso acontecesse."

"Na família do meu marido, as esposas não eram nada. As crianças e os irmãos eram os únicos com direitos exclusivos. Quando o pai morreu, minha sogra assumiu o controle. Era uma verdadeira matriarca: a Grande Dama. Rejeitou todas as esposas dos filhos e assumiu o controle sobre os netos. Ainda governa do túmulo. Seus filhos nunca aprenderam a ser responsáveis por si. Meu marido nunca tomou uma decisão sem a aprovação da mãe. Ele nunca pedia meu consentimento nem meu conselho e essa foi definitivamente uma parte das falhas do nosso relacionamento."

Mariette foi recebida com a mesma frieza por parte da sogra. Mariette disse: "A mãe de Devon me desaprovou desde o começo. Ela não gostava de nada em mim, nem mesmo do estado em que eu tinha nascido. Ela acreditava que sabia muito bem como era uma mulher vinda da classe operária e de uma família de Quebec. Meu Deus, eu nem era uma canadense 'de verdade'. Quando fui 'convidada' para jantar na casa dela, literalmente me serviram os restos. O fato não era nem que ela quisesse que Devon comesse a melhor comida. Ela imaginou que eu, por ter vindo dos baixos padrões da classe menos favorecida, não perceberia e ainda ficaria feliz com aquilo que me dessem".

Portia também foi recebida com frieza quando se casou. Ela disse: "A diferença na experiência de vida entre meus pais e os pais do meu marido foi o maior fator. Recentemente, tenho analisado minha educação nos padrões de classes. Não tínhamos muito dinheiro quando eu era criança, venho de uma família chefiada pela mãe e com um pai ausente, mas meus pais vieram de lares de classe média e classe média alta. Quando meu pai nos deixou, nossa situação financeira sofreu uma queda enorme porque, por insistência do meu pai, minha mãe nunca tinha trabalhado durante o casamento. Desse modo, ela só pôde encontrar trabalhos não-especializados e com péssimos salários, e meu pai não pagava pensão. No entanto, as expectativas e costumes da nossa família ainda eram aqueles da classe média (por exemplo, as conquistas educacionais eram valorizadas, esperava-se que fizéssemos a faculdade e éramos encorajados a ler e a viajar)."

"Por outro lado, a família do meu marido permaneceu intacta, e seus pais vinham da classe operária, com experiências na área rural onde trabalharam enquanto crianças nas fazendas dos pais. Ninguém na família dele foi tão longe nos estudos quanto meu pai e minha mãe, mas todos os membros da família dele trabalharam e economizaram o suficiente para terem suas casas próprias. Eles gozavam de um padrão de vida relativamente bom. Contudo, eram pessoas muito mais 'simples' do que meus pais."

Péssimo aos Olhos

O "Péssimo", assim como o "bom" e o "belo", às vezes existe somente nos olhos de quem vê. Como declaramos no começo deste livro, as categorias "bom", "ruim" ou "péssimo" dependem de como a nora define seu relacionamento com a sogra. Freqüentemente, essa é a maneira com que a nora vê o relacionamento, além de suas reações às atitudes da sogra, que determina se o relacionamento precisa de ajuda ou se está além de qualquer auxílio. Se a nora se *sente* torturada pela sogra, ela verá e definirá o relacionamento como uma tortura.

Para outras mulheres, no entanto, o que o resto do mundo pode ver como algo "não tão ruim" pode ser completamente inaceitável. Isso pode acontecer devido a padrões inatingíveis ou por causa de algo a mais que está por trás e portanto não é visível aos olhos de quem está de fora. Geralmente, aquilo que é "péssimo" se sobressai e revela sua presença.

Julgar o Que é Péssimo

Fawn, uma empresária que administra negócios trabalhando em casa, acredita que a sogra está sempre na espreita. Embora sinta que é uma forasteira indesejada, ela também sente que está sempre sendo forçada a participar de compromissos que gostaria de evitar. "Minha sogra nunca nos *convida* para jantar, nem para passar um feriado. Ela sempre nos *obriga* a vir, sem levar em conta que estamos tentando ter uma vida própria. Se digo que não podemos ir, porque já temos outro compromisso, ela desliga o telefone na minha cara!" Fawn não gosta desse comportamento, mas acha que é inevitável. Seu marido sente necessidade de submeter-se a isso.

"O estranho é que ela não apóia o filho nem 'nossa' família", diz Fawn. "Meu marido nunca se sentiu amado pela mãe, então se sente obcecado pela tentativa de agradá-la e ganhar sua aprovação. O pai dele morreu assim que ele terminou o ginásio e quando ainda era muito jovem foi para um colégio interno para que sua mãe pudesse seguir sua carreira. Ele nunca recebeu o amor de mãe que sempre desejou e ainda deseja. Minha família não era perfeita, mas todos eram carinhosos. Sempre coloco meus filhos em primeiro lugar e, embora tenha um negócio próprio, faço questão de que meus filhos saibam que estou à disposição deles. Minha sogra nunca fez isso pelos filhos."

Fawn já foi casada antes. "Meu primeiro casamento durou dois anos. Aquela sogra era muito legal e nós nos dávamos muito bem. O difícil não é ter uma sogra, é ter *esta* sogra. A princípio, achei que gostaria de conhecê-la já que é uma mulher brilhante e fala vários idiomas. Ela fez história da arte, e eu pensei que, como trabalho com a criação de um fórum para artistas na Internet, teríamos algo em comum. Não poderia ter me enganado tanto."

Fawn acredita que a sogra tentou deliberadamente afastá-la e ignorá-la. "Ela me deu um presente de Natal com um cartão assinado 'de L. Hawthorne', como se estivesse assinando um cheque!" Fawn sente que o relacionamento não tem esperanças e que não vale a pena tentar salvá-lo. Ela interpreta as atitudes da sogra como ações movidas pela malícia e pelo desdém. "Tenho certeza de que ela pensa coisas horríveis sobre mim. E fica pior a cada ano, já que me recuso a participar de atividades que ela planeja para mim e meu marido."

Mas a necessidade que o marido tem de sentir a aprovação da mãe é o aspecto mais turbulento do relacionamento e a questão que Fawn acha mais difícil de encarar. Ela sente que essa necessidade do amor da mãe se sobrepõe às necessidades da própria família. "Às vezes não consigo acreditar que ainda estamos casados", admite. "A situação fica tão ruim que parece que não vou mais agüentar. Certo ano, ela intimou meu marido a passar o Natal em Praga com ela e a família. Foi na época em que nossa primeira filha tinha dois anos. Minha filha nasceu com artrite infantil, então estava claro que eu não queria que meu marido saísse da cidade com essa criança, muito menos que viajasse para outro país! E eu também não queria ficar sozinha com nossa garotinha. Mas meu marido se sente tão obrigado a realizar os desejos da mãe que acabou indo! Ficou lá por 14 dias, deixando-nos para trás! Durante todo esse tempo eu só pensava no divórcio."

O nível de rejeição que Fawn sente por parte do marido, devido à sua necessidade de agradar a mãe, é intolerável. Ela se recusa a interagir com a sogra e sofre com as necessidades contrárias do marido. O comportamento dele reforça a importância de uma frente unificada entre marido e mulher neste casamento. O que é "péssimo" aqui, embora não pareça tão terrível em comparação a outros cenários discutidos nestas páginas, não é o que a sogra de Fawn faz, mas o que o marido dela não faz. Se um casal consegue chegar a uma compreensão mais profunda dos problemas que enfrentam e da triangulação que resulta dessas questões, o casamento deles tem melhores chances de sucesso.

Perguntas em Resumo

- *As diferenças na maneira com que você e seu marido foram criados afetam seu relacionamento com a sua sogra? Como essas diferenças funcionam no seu relacionamento?*

- *Se você é mãe, você e sua sogra têm métodos diferentes de criar os filhos? Qual é o impacto dessas práticas diferentes no seu relacionamento?*

Capítulo 9

À Beira do Precipício

Fomos ver uns amigos e quando voltamos para a casa da mãe dele, ela tinha deixado um bilhete sobre o travesseiro de Devon dizendo que ela "achava melhor que eu saísse e ele ficasse". ... Isso foi no meio da noite e eu não ficaria na casa dela nem mais um minuto. Disse a Devon que estava indo embora. Esse foi o grande momento. Ele disse: "Vou com você". E saímos da casa da mãe dele juntos. Depois disso, ela começou a perceber que não podia controlar a vida de Devon. Ele e eu éramos um casal e ela não poderia se colocar entre nós.

— Mariette

Quando me separei do filho dela, foi como se eu tivesse morrido. Ela queria me enterrar depois do divórcio. De certo modo foi o que fez, simbolicamente; ela disse aos meus filhos: "Vocês não têm mais mãe, ela morreu".

— Ursula

Depois que a nora reconhece que ela e a sogra não terão um relacionamento ideal, ela pode dar pequenos passos com o intuito de criar uma situação melhor. Este capítulo inclui informações que podem ajudar a controlar os estragos. Muitas das questões descritas pelas noras neste capítulo causam danos irreparáveis a um casamento e devem ser encaradas se o desejo for salvá-lo.

Casamentos Indissolúveis

Assim como um organismo sadio, um casamento não consegue superar obstáculos significativos se não for saudável. Os companheiros devem ter laços fortes e um sentimento de união, descritos como uma idéia de "nós" nos capítulos anteriores. Mesmo quando há um vínculo tão forte, é possível que um dos parceiros demonstre certo descuido que possa fazer com que o outro sinta que o vínculo foi rompido. A mulher que sente que o marido não está honrando essa cumplicidade também pode sentir que o casamento está em perigo, apesar da ruptura parecer insignificante para o marido.

Mariette admite que a situação com a sogra causou sérios problemas em seu casamento. "A vida com Devon ficou muito difícil. Ele reconhecia que a mãe me tratava mal, mas continuava pedindo que eu tivesse paciência. Vivia me lembrando como a vida dela era patética e que ela não tinha ninguém além dele. Mas isso não me ajudava, apesar de tentar ser generosa. Eu não queria torná-lo ainda mais infeliz. Ele realmente não sabia o que fazer, sentia-se terrivelmente culpado e responsável pela mãe. Sabe, não foi a mãe dele quem o criou. Ela passou por uma fase de 'autodescoberta' no começo da infância dele, e assim ele foi criado pelo pai e pela madrasta que tinham a custódia legal. Sua madrasta, Florence, é um anjo e gosto de considerá-la como minha sogra verdadeira. Sempre fomos muito próximas e Devon sempre procurava seus conselhos.

"Como a mãe de Devon perdeu boa parte da infância dele, acho que ela estava tentando ser uma mãe para ele depois de já estar casado, como uma forma de vingança, realmente tentando demarcar seu território. Parecia que ela queria me tirar da jogada, para que pudesse ser a única mulher na vida dele. Ela já tinha que competir com a adorável madrasta e, de certo modo, ela própria tinha se tornado a madrasta. O conselho de Florence para Devon foi que apresentasse uma frente unificada. Acho que esse foi o melhor conselho que podíamos ter recebido e foi um alívio para Devon.

"Para Devon, foi como uma carta de alforria dando-lhe a liberdade que nunca teve. Ele sempre se sentiu incrivelmente responsável pela mãe por acreditar que a tinha desertado quando foi morar com o pai, apesar da mudança ter sido idéia dela. A mãe dele não tinha outra pessoa na vida além de Devon. Seus pais estavam mortos, os irmãos não conversavam mais com ela e ela estava realmente sozinha no mundo.

"Certa época, as coisas pareciam estar fluindo bem", lembra-se Mariette. "Viemos da Flórida para visitar a mãe dele em Worcester. Fomos ver uns amigos e quando voltamos para a casa da mãe dele, ela tinha deixado um bilhete sobre o travesseiro de Devon dizendo que ela 'achava melhor que eu saísse e ele ficasse'. ... Isso foi no meio da noite e eu não ficaria na casa dela nem mais um minuto. Disse a Devon que estava indo embora. Esse foi o grande momento. Ele disse: 'Vou com você'. E saímos da casa da mãe dele juntos. Depois disso, ela começou a perceber que não podia controlar a vida de Devon. Ele e eu éramos um casal e ela não poderia se colocar entre nós."

Às vezes, a simples força dos laços entre o casal é o alicerce que mantém o casamento em pé. Kelsey logo percebeu que as coisas não seriam fáceis, mas o comportamento do marido antes do casamento ajudou a criar, além de salvar, o relacionamento deles. Ela disse: "Uma das piores explosões foi no Dia de Ação de Graças. Você precisa entender que minha sogra nunca cozinha, nem mesmo no Dia de Ação de Graças. Todo ano ela convida as pessoas para irem até a casa dela e pede um monte de pizzas. Mas sei lá por qual motivo, num determinado ano, antes de nos casarmos, Draca decidiu que queria cozinhar. O único problema é que ela não tinha panelas. Portanto, tive de levar todas as minhas panelas para a casa dela. Nós (na verdade eu) fizemos um jantar maravilhoso e ela ficou bêbada. Quando ela fica bêbada, só nos resta esperar que a bomba estoure.

"Então, aparentemente, cometi um erro horrível. Acho que não soube explicar claramente as regras de um jogo que estávamos no meio e ela ficou me encarando. Não era um olhar do tipo: 'Do que você está falando?', nem mesmo um olhar do tipo: 'Achei que isso ficaria entre nós'. Ela queria me fulminar com os olhos. Era o olhar de um animal feroz, talvez um leão, mirando sua presa. O tipo de olhar que você recebe enquanto está sendo rodeada e perseguida, minutos antes de se tornar o jantar de um predador sortudo. Realmente senti medo dessa mulher de sessenta e cinco anos, imaginando o que viria a seguir: a guilhotina, quem sabe?"

"Perguntei: 'Por que está me olhando com essa cara?' Ela respondeu: 'Não estou te olhando com cara nenhuma', mas disse isso como se o sangue estivesse jorrando entre seus dentes. Devo ter feito uma cara apavorada, porque meu marido, meu namorado na época, que literalmente evita conflitos, levantou-se da cadeira para me defender. Ele exigiu que ela explicasse por que estava me intimidando daquela maneira. Ela manteve a postura de: 'Mas eu não disse nada'. Ele gritou com ela pela primeira vez na vida e disse: 'Você quer saber o *som* do seu olhar? O *som* era mais ou menos ASSIIIIIM!' E soltou um rugido como se fosse um leão! Esse confronto com a própria mãe me impressionou tanto que decidi casar com ele, para desgosto dela.

"Mas", seguiu Kelsey, "nosso casamento trouxe uma certa dose de gosto para Draca. No que me diz respeito, tudo correu sem problemas. O casamento foi na nossa fazenda em Wyoming. Estávamos radiantes, e achamos que todos os demais, especialmente nossa família, também estava. Só foi depois que voltamos da lua-de-mel que caímos na real do que realmente se passou durante o casamento."

"Tenho certeza de que minha sogra, Draca, foi a única a causar problemas na nossa cerimônia, mas mesmo sozinha, ela pôde causar grandes estragos. Ela odeia todos os eventos sociais por causa de sua ansiedade profunda e fobia social. Portanto, bebe demais para relaxar; acho que isso já te dá uma idéia."

"Ela chegou perto do melhor amigo do meu marido, que nos apresentou quando éramos crianças, e disse, com uma voz feroz: 'Ei, obrigada por tê-los apresentado. Que pena que eles não te deram ouvidos quando você insistiu para que desmanchassem!'"

"Preciso admitir que, mesmo quando descobri o que ela tinha aprontado, essas atitudes não me surpreenderam. Fiquei com vergonha? Sim. Fiquei surpresa? Não."

"De certo modo, ser capaz de conversar sobre seu comportamento inaceitável com meu marido nos ajudou a criar laços mais fortes no nosso casamento. Aquilo que não mata ... só nos fortalece, não é mesmo?"

Aceitando o Inaceitável

Nos casamentos cuja interferência da sogra é excepcional e prejudicial, às vezes há um momento em que a decisão de ficar ou partir deve ser tomada. Alguns casamentos se desfizeram em virtude dos péssimos relacionamentos com os sogros e outros seguem bem apesar disso. Na verdade, Gloria Horsely, quando foi entrevistada em 1997, disse que em sua pesquisa descobriu que 70% dos casais que se divorciam no primeiro ano de casamento citaram os problemas com os sogros como o principal fator na separação.

"Meu relacionamento com a minha sogra é um trabalho sem-fim", comenta Portia, "O trabalho começou em terreno bastante acidentado e eu não esperava ter nenhum tipo de relacionamento com ela a longo prazo, por causa de sua rejeição por eu ser uma mulher negra". As coisas estão consideravelmente mais fáceis agora, mas essa nova era parece muito frágil e temporária. Há muitas coisas que passam sem importância e muita coisa ainda não foi processada, falando do lado emocional.

"Desde os terríveis episódios iniciais, tudo melhorou muito entre nós, e ela veio como convidada em casa várias vezes, mas sempre que surge a oportunidade de visitá-la na casa dela, invento uma desculpa qualquer para não ir."

"Nos primeiros dias de casada, acreditava que minha sogra não me odiava tanto quanto demostrava; achava que estava representando um papel que considerava esperado em sua comunidade. Oh, está certo que ela conseguia virar uma mulher odiosa que pronunciava todos os tipos de insultos maldosos, mas uma pequena voz dentro de mim dizia: 'Isso é só para se mostrar'. Como ela mudou tanto, agora acredito que aquela pequena voz estava certa."

"Não faço idéia do porquê dessa transformação, só tenho suspeitas. Talvez a doença do meu sogro a tenha feito reavaliar suas escolhas. Talvez estivesse cansada de lutar, especialmente depois que o casamento do filho comigo mostrou ser uma união tão forte. Foi questão de tempo? Talvez a visita que fez ao Papa no Vaticano? Quem sabe?"

Mariette comentou: "Quando nossas gêmeas nasceram, minha sogra finalmente viu que ficaria de fora se continuasse a se comportar daquela maneira. Ademais, ela buscou ajuda profissional e começou a usar medicamentos antidepressivos. É impressionante como uma pessoa de fora foi capaz de ajudá-la a ver o relacionamento com o filho com outros olhos".

"Ela ainda tenta pressioná-lo. É estranho, é como se ela quisesse controlar nossos planos, mesmo se não estivesse incluída. É como se ela não quisesse mais ninguém na nossa vida. Ela costuma insistir para que passemos os feriados com ela, lembrando que agora é sua vez. Isso acontece ainda com mais freqüência se temos outros planos. No Natal do ano passado, por exemplo, tínhamos planejado visitar a casa da madrasta de Devon. Florence sempre tem outras crianças por lá e as gêmeas adoram ver os primos. Minha sogra insistiu para que cancelássemos a visita à Florence e viéssemos vê-la. E foi o que fizemos. Dois dias antes do Natal, ela nos informou que tinha mudado de idéia e que passaria o Natal na casa de uma amiga. Também mencionou que não tinha conseguido comprar presentes para as gêmeas e que 'realmente não queria ter esse trabalho'. Tivemos de nos virar para arrumar um passeio para as crianças. Era tarde demais e estávamos com vergonha de ir para a casa de Florence. Foi uma tentativa deliberada de estragar nossos planos. Tenho certeza de que Florence teria ficado feliz de nos receber, mas àquela altura, ficamos em casa. Agora tentamos navegar com cuidado entre o mar revolto dos mandos e desmandos da minha sogra."

Kelsey concorda com Mariette. "Com o passar dos anos, tenho assumido uma postura muito Zen em relação à minha sogra. Aprendi estratégias incríveis para evitar conflitos com ela. Agora eu sei quando bajulá-la, quando ficar quieta, quando abrir o jogo, quando tentar ajudar e quando simplesmente ficar longe. Em geral isso funciona, exceto por poucas brigas anuais. Essas brigas geralmente envolvem uma atitude como se ela conhecesse meu marido melhor do que eu e tentasse protegê-lo de mim, uma contenda que simplesmente não consigo ignorar. Talvez depois de trinta anos, serei capaz de transcender isso também."

Desfazendo os Laços

Às vezes, os problemas estão além da redenção. O que pode parecer navegável se transforma num naufrágio. Também há momentos em que laços afrouxados geram a necessidade de uma ruptura que talvez não seja, na verdade, algo permanente. Não há uma solução igual para todos, mas na história que se segue, tal ruptura deu ao casal o tempo e a distância necessários da sogra para reorganizar e aproximar-se novamente da situação.

No começo do casamento, Portia descobriu que não queria nenhum tipo de contato com a sogra. "Depois de uma visita que fizemos à casa dela antes de me casar", comenta, "eu não quis voltar até dois anos depois do nascimento do meu primeiro filho. Não houve contato de nenhum tipo entre nós e, aparentemente, ninguém tinha permissão para tocar no meu nome na presença dela"!

"Quando meu primeiro filho nasceu, ela disse ao meu marido que ele poderia visitá-la se quisesse, mas sem a 'criança'. Sempre terei mágoas disso, não importa o quão boa se torne nossa relação. Esse comentário me atingiu como um dardo direto no coração. Nikos disse que se nós, sua esposa e seu filho, não éramos bem-vindos, então ele não a visitaria também. A mãe dele disse que não precisava vê-lo, contanto que soubesse que ele estava bem. Mantiveram contato por telefone e isso foi um pouco difícil para mim, mas ele e eu temos jeitos diferentes de lidar com as coisas. Aceitei aquilo, apesar de ser muito difícil. Foi muito difícil para ele também. Ele não foi visitá-la até que todos pudéssemos ir juntos dois anos depois. Deixei que Nikos me convencesse a dar-lhe outra chance."

Diferente do forte vínculo entre Portia e seu marido, os laços entre Kadijah e o marido se romperam. A sogra era tão influente no casamento dos dois que Kadijah achou que a única maneira de escapar dela era numa fuga total. "Ah, minha sogra e eu tínhamos um relacionamento péssimo", comenta, "Superficialmente, parecíamos amigas maravilhosas. Mas era um relacionamento desonesto e enganoso. Seu veneno se infiltrou em tudo, inclusive em meu casamento."

"Ela era extremamente crítica enquanto mantinha um sorriso nos lábios. Encorajou o filho a se separar de mim, insinuou que ele não podia confiar em mim porque eu não era digna de tal confiança. Minha resposta foi evitá-la. Passei a ser muito reticente em relação a tudo o que dizia, mas falava mal dela para o filho. Disse-lhe que achava que ela tinha problemas mentais e que estava tentando acabar com o nosso relacionamento. De certo modo até engraçado, foi o que ela fez. Ela plantou as sementes da dúvida na cabeça dele e ele passou a usar tal visão para interpretar meu comportamento. A bomba explodiu na nossa cara. Foi, e ainda é, muito triste."

Ursula atravessou vários estágios de afrouxamento de laços com a sogra. Foram necessários todos os vinte e cinco anos de casamento para concluir o processo. A primeira fase aconteceu no meio do inverno. "Minha sogra estava levando a filha até Chelsea para tomar aulas de piano", lembra-se. "Pedi uma carona. Enquanto dirigíamos, vi que estávamos prestes a bater num carro e agarrei meu cunhado. Ele e eu fomos lançados do banco de trás do carro para a neve, e eu fui levada para o hospital. O rapaz do seguro disse que iriam pagar pelo conserto dos meus óculos e me entregou um cheque de 15 libras, mas minha sogra disse que queria o cheque para ela. Como explicação ela disse: 'Se não tivéssemos esperado por você, o acidente nunca teria acontecido'. Fiquei chocada! Naquele instante soube que precisava fugir de sua influência."

Ursula deixou o marido somente quando os filhos atingiram a adolescência. Nesse momento ela descobriu a extensão da animosidade da sogra. "Depois de vinte e cinco anos", explica, "já tinha agüentado o bastante. Saí de casa, arrumei um emprego. Meu marido me disse que nunca sairia da casa da mãe, então eu saí. Tentei, sem sucesso, explicar para os meus filhos que eu tinha de ir embora, mas que os amava e sempre estaria em contato com eles. Minha sogra ficou morta de raiva. Sua atitude foi: 'Como ela ousa sair da *minha* casa!' Quando me separei do filho dela, foi como se eu tivesse morrido. Ela queria me enterrar depois do divórcio. De certo modo foi o que fez, simbolicamente; ela disse aos meus filhos: 'Vocês não têm mais mãe, ela morreu'.

Será Melhor Ficar ou Partir?

Algumas das noras citadas tiveram pouca ajuda para contornar seus relacionamentos turbulentos. A pouco de serem abusadas fisicamente ou precisar de proteção policial, essas mulheres foram castigadas emocionalmente. Quando tinham de interagir com suas sogras, esses encontros eram sempre penosos. Assim como em muitas relações abusivas, algumas noras não viam saída.

O interessante é que descobrimos que todas as mulheres que entrevistamos e que acreditavam que seus relacionamentos com as sogras eram essencialmente péssimos, ou se divorciaram ou criaram um vínculo intenso e indissolúvel com seus maridos. Quase não houve meio termo. Diferente das relações "ruins" entre sogra e nora, as relações realmente insuportáveis ou acabam contaminando a ligação entre o casal ou, através da adversidade, ajudam a criar uma união ainda mais forte.

Para Onde Vamos a Partir Daqui?

1. **Controle de danos.** Não espere para avaliar sua situação. Se seu relacionamento com o seu marido é frágil, você deve examinar qual é a falha. Dê um passo atrás e avalie o que está acontecendo.

2. **Observe seu parceiro.** Se seu relacionamento com a sua sogra está colocando seu casamento em risco, primeiro avalie a força do seu vínculo com o seu marido.

3. **Não se arrisque.** Esteja preparada. Chegar a um meio termo será a melhor opção nas situações mais traumáticas. Mas não permita ser colocada no papel de vítima.

4. **Não condene sem julgar.** Como você viu claramente, nenhum relacionamento é perfeito e alguns são realmente muito ruins. Mas a maioria ainda pode melhorar. Até mesmo os piores relacionamentos podem ser aceitáveis se os problemas passados puderem ser colocados no passado. Não confunda algo "péssimo" com algo "insuportável".

5. **Lembre-se de que ela é a mãe do seu marido.** Essa é uma relação profunda e ele passou toda sua vida cuidando dela. Mesmo que você veja padrões que não se encaixam no relacionamento entre seu marido e a mãe dele, não tente destruí-lo. Seja paciente e ajude a criar um ambiente mais agradável com seu parceiro.

6. **Procure ajuda profissional.** Não hesite em buscar a ajuda de um profissional para compreender melhor e reagir em suas circunstâncias específicas.

7. **Saiba quando dar um basta.**

Perguntas em Resumo

⊛ *Se sua sogra tivesse de se abrir com alguém da confiança dela e falar sobre você, na sua opinião como ela caracterizaria sua relação com ela?*

⊛ *Embora essa questão seja somente para você, e talvez você nunca compartilhe seus pensamentos com mais ninguém, a partir de sua experiência, que conselho daria a uma futura nora?*

⊛ *Você ainda classificaria seu relacionamento (bom, ruim, péssimo) com a mesma categoria escolhida antes de ler este livro e responder a essas perguntas?*

Conselhos de Nora para Nora

Nel: Esteja ciente de que a mãe do seu marido terá um espaço importante em sua vida e que aceitá-la e cultivar um bom relacionamento ajudará a manter a paz no seu casamento.

Nina: Pense com a sua cabeça, tente ser razoável e veja sua sogra como ela realmente é.

Doris: Ajude seu marido a separar-se da família dele e estabelecer um lar com você. Respeite seus sogros, mas seja adulta e espere ser tratada como tal. Peça ajuda ao seu marido para entender melhor sua sogra.

Sophia: Case-se com alguém que tenha um relacionamento saudável e amoroso com a mãe. Assim, se ele for gentil, provavelmente a mãe também será.

Mariette: O melhor conselho que recebi sobre como lidar com uma sogra exigente foi para que meu marido e eu sempre apresentássemos uma "frente unida". Claro que é ótimo ter senso de humor com tudo isso, afinal, ela é a mãe do meu marido e a avó dos meus filhos e estou *presa* a ela.

Lahna: Tente estar ciente da distância entre você e eles.

Ellen: Certifique-se de que é a pessoa número um na vida do seu marido e que ele saiba demonstrar isso. Se a escolha dele é fazê-la sentir-se amada e honrada acima dos desejos da família dele, não importa se as exigências são insignificantes ou enormes, se te deixam infeliz, os pedidos da mãe, do pai ou dos irmãos dele devem ser ignorados.

Lea: Sempre encoraje um bom relacionamento entre seu marido e a mãe dele, mesmo quando, às vezes, a situação não te incluir.

Jess: Tente desenvolver alguns interesses comuns com sua sogra, coisas que vocês realmente apreciem. Então, quando e se vierem tempos difíceis, vocês ainda terão algo para fazer juntas ou algo sobre o que conversar para ajudar a sentir-se parte da família.

Nancy: Meu conselho para as demais noras é que sejam gentis e lembrem-se de que sua sogra é a mãe do seu marido, e que ela não pode ser tão ruim assim se teve um filho que se transformou no homem que você ama.

Tsong: Lembre-se, não importa o quão difícil seja sua sogra, é possível sobreviver contanto que seu marido deixe claro que você é a pessoa mais importante.

Estelle: Se perceber que está agindo de maneira estranha perto de sua sogra, tente lembrar-se de que aquilo que ela vê é a maneira como acredita que você é. Como ela pode conhecê-la e entendê-la se você mostra uma cara diferente para ela e outra para o resto do mundo?

Ursula: Tente não deixar que a antipatia de sua sogra por você contamine o seu relacionamento com seu parceiro. Se sua sogra não aprova o relacionamento ou se está sempre com a pulga atrás da orelha, tente ser forte e ajudar seu marido a ser forte também para transformar seu casamento em algo sólido e seguro.

Larrissa: Se a mãe do seu marido fazia todos os caprichos dele quando era criança, esteja preparada para fazer o mesmo (ou contrate alguém para ajudá-la)!

Fawn: Observe cuidadosamente a família do seu marido e seu relacionamento com a mãe. Se ele está sempre tentando agradá-la então *fuja, fuja, fuja!*

Joy: Encontre maneiras criativas e construtivas de controlar o limite da emoção e então conversar respeitosamente com sua sogra sobre suas reclamações e preocupações.

Nadja: Algo que me ajudou foi que realmente não me importava, desde o início, em como seria o meu relacionamento com minha sogra. Esperava que fosse bom, mas não me preocupava com isso.

Sharon: Não tente virar seu marido contra a mãe. Ela é mãe dele ... e mesmo que você não goste dela, eles se amam. Tente deixar as coisas da melhor maneira possível, pelo bem de todos.

Portia: Lembre-se, não se pode ter um bom relacionamento com o marido se seu relacionamento ruim com a sogra atrapalhar tudo. Mas é possível ter um bom relacionamento com o marido apesar de uma relação ruim com a sogra se vocês dois, você e seu marido, estiverem unidos, com uma ligação tão forte que ninguém, nem mesmo a mãe dele, poderá separá-los.

Rivkah: Seja gentil ao conversar com seu marido sobre a mãe dele. Mas não deixe de conversar.

Juanita: Acho que entender o relacionamento do seu marido com a mãe dele é importante para compreender como seu marido lida com as mulheres.

Kadijah: Lembre-se de que ao se casar, você está se casando com a família, não apenas com o filho.

Referências Bibliográficas

Apter, Terri. 1999. *Mothers-in-law and daughters-in-law: Friendship at an impasse*. Trabalho de pesquisa. Clare Hall, Universidade de Cambridge: Inglaterra.

_____.1991. *Altered Loves*: Mothers and Daughters During Adolescence. Nova York: Ballantine.

Arnstein, Helene S. 1985. *Between Mothers-in-Law and Daughters-in-Law*. Dodd, Nova York: Mead & Company.

Barash, Susan Shapiro. 2001. *Mothers-in-Law and Daughters-in-Law*: Love, Hate, Rivalry and Reconciliation. New Horizon Press: Nova Jersey.

Broude, Gwen J. 1994. *Marriage, Family and Relationships: A Cross-Cultural Encyclopedia*. Santa Barbara. Series Encyclopedias of the Human Experience: Santa Barbara, CA.

Duvall, Evelyn M. 1954. *In-Laws Pro and Con*. Association Press: Nova York.

Fischer, Lucy Rose. 1983. Mothers and mothers-in-Law. Journal of Marriage and the Family 45(1):187-192.

Gottman, John M., and Nan Silver. 1999. *The Seven Principles for Making Marriage Work*. Crown Publishers: Nova York.

Horsely, Gloria. 1997. Entrevista na revista Men's Health. The other parent trap, por Ron Geraci e Duane Swierczynski. Men's Health 12(2):54. Março.

Jackson, Jacqueline, and Linda Berg-Cross. 1988. Extending the extended family: The mother-in-Law and daughter- in-Law relationship of black women. Family Relations 37:293-297.

Kassem, Layla. 2001. Personal communication.

Marotz-Baden, Ramona e Deane Cowan. 1987. Mothers-in-Law and daughters-in-Law: The effects of proximity on conflict and stress. Family Relations 36:385-390.

Psaris, Jett e Marlena S. Lyons. 2000. *Undefended Love*. New Harbinger Publications: Oakland, CA.

Quick, Barbara. 2000. *Under Her Wing: The Mentors Who Changed Our Lives*. New Harbinger Publications: Oakland, CA.

Rosten, Leo. 1968. *The Joys of Yiddish*. Pocket Books/Washington Square Press: Nova York.

Rozakis, Laurie E. 1998. *The Complete Idiot's Guide to Dealing with In-Laws*. Simon and Schuster Macmillan Company, Alpha Books: Nova York.

Stirling, Paul. 1965. *The Nature of Human Society*: Turkish Village. 1994. Centro de Antropologia Social e Computação. Universidade de Kent: Canterbury, Inglaterra.

Statistical Abstractions of the United States. 2000. The National Data Book, 120th Edition. Live Births, Deaths, Marriages, and Divorces 1950-1998 (Mesa 77). Government Printers Office: Washington, D.C. E.U.A.

Stryker, Sheldon. 1955. Adjustment of family offspring to their parents. American Sociological Review 20: 149-153.

Telushkin, Rabbi Joseph. 1991. *Jewish Literacy*. William Morrow & Company: Nova York.

Yuan, Dong Da Ci Dian. 2000. *The Far East Chinese/English Dictionary*. Taipei: U.S. International, Inc./Far East Book Company.

CADASTRO DO LEITOR

- Vamos informar-lhe sobre nossos lançamentos e atividades
- Favor preencher todos os campos

Nome Completo (não abreviar):

Endereço para Correspondência:

Bairro: Cidade: UF: Cep:

Telefone: Celular: E-mail: Sexo: F M

Escolaridade:
☐ 1º Grau ☐ 2º Grau ☐ 3º Grau ☐ Pós-Graduação
☐ MBA ☐ Mestrado ☐ Doutorado ☐ Outros (especificar):

Obra: **O Desafio do Relacionamento Nora e Sogra – Bowditch & Samet**

Classificação: **Psicologia**

Outras áreas de interesse:

Quantos livros compra por mês?: ___ por ano? ___

Profissão:

Cargo:

Como teve conhecimento do livro?
☐ Jornal / Revista. Qual?
☐ Indicação. Quem?
☐ Internet (especificar *site*):
☐ Mala-Direta:
☐ Visitando livraria. Qual?
☐ Outros (especificar):

Enviar para os faxes: **(11) 3079-8067/(11) 3079-3147**
ou e-mail: **vendas@mbooks.com.br**

M.BOOKS

M. Books do Brasil Editora Ltda.

Av. Brigadeiro Faria Lima, 1993 - 5º andar - Cj 51
01452-001 - São Paulo - SP Telefones: (11) 3168-8242/(11) 3168-9420
Fax: (11) 3079-3147 - E-mail: vendas@mbooks.com.br

cole aqui

dobre aqui

CARTA RESPOSTA
NÃO É NECESSÁRIO SELAR

O selo será pago por

M. BOOKS DO BRASIL EDITORA LTDA.

04533-970   São Paulo-SP

dobre aqui

GRÁFICA PAYM
Tel. (011) 4392-3344
paym@terra.com.br